AF292902

Michel Cornillon

le blog
d'un effaré

Éditeur : BoD-Books on Demand, 12/14 rond point des Champs-Élysées,
75008 Paris, France
ISBN : 978-2-32201-915-1

*Pour Sarah, Romain
et Raphaël, leur frère en allé.*

Du même auteur :

• Chez BoD, aux formats papier et numérique :

Pour vous les enfants
Capitalisme, la chute et ensuite
Le Fiancée des parcs
Le Blog d'un effaré

• À paraître chez BoD en 2015 et 2016 :
Quand est-ce qu'on mange
L'Éden et après

• Aux éditions Les Points sur les i :

Lettre ouverte au peuple de gauche
Révolte, amertume, rebond

Avant-propos.

Les quatre-vingt-onze billets constituant cet ouvrage sont tirés de "chroniques virgule", blog démarré par l'auteur en avril 2008, et dont s'est poursuivie la rédaction au gré des événements et de l'inspiration.

Littéraire au début, ce blog a peu à peu glissé vers le politique, certains diront vers le coupage des cheveux en quatre ou le délire philosophique — enfin vers un mélange des genres tel qu'il se forme dans un cerveau confronté à mille informations par jour. Ce qui permet certaines divagations tantôt humoristiques, tantôt poétiques ou terre à terre, voire tragiques lorsque les aléas de la vie bouleversent le bel ordre des choses.

Vous trouverez dans cet ouvrage les textes d'origine quant à leur contenu, mais remaniés de manière que l'ensemble soit cohérent. De surcroît fut introduit le personnage de Buster, qui ne faisait à l'origine que de furtives apparitions.

Deux remarques avant de passer à la lecture :
• La plupart des articles ont largement inspiré trois essais politiques de l'auteur, entre autres "Capitalisme, la chute et ensuite", proposé par BoD.
• Les billets qui concernent Gaza à l'époque de la précédente intervention israélienne sont d'une telle actualité qu'on peut se demander si l'Histoire ne tourne pas en rond. Même chose pour les deux présidents dont il est question dans ces pages, ainsi que pour la politique en général.

Adresse du blog :
http://chroniquevirgule.canalblog.com/

20 mai 2008
1 - Anniversaire

Nous sommes en 2008. Si nous savons compter, il y a cent soixante ans nous étions en 1848. Et si notre mémoire est bonne, en 1848, survint une révolution qui fut écrasée par les troupes de la bourgeoisie, laquelle porta au pouvoir… non le démiurge de la république démocratique et sociale réclamée par le peuple, mais le promoteur du grand capitalisme et de la fortune des banques : Napoléon III, de son surnom Badinguet.

Eh bien pourquoi, à défaut de celui de Badinguet, ne pas fêter l'anniversaire de cette révolution? Pour cette simple raison : notre cher Nicolas Sarkozy, en son respect des luttes ouvrières, citoyennes et estudiantines qui ont façonné notre histoire, s'est juré d'enterrer l'héritage d'un certain mois de mai. Quant à fêter 1848, n'y comptons pas. Ne comptons pas non plus sur la célébration de…

Eh bien si, il va oser ! Effaré, Buster vient de découvrir qu'en ce joli printemps sonnent les cloches, du moins à Vichy, du deux centième anniversaire de la naissance de Louis-Napoléon, et que son illustre disciple dans la lutte contre le paupérisme, l'actuel président de la République, va demander à la reine d'Angleterre, sa copine, l'autorisation de ramener à Paris le corps de notre dernier empereur, de notre dernière gloire, en terre d'Albion parmi les siens pour l'instant reposant.

2 - Vive Sarko

L'Occident, frères et sœurs, vit ses derniers beaux jours. Alors qu'il ne progresse qu'en terme de profits (et encore), le voici concurrencé par deux milliards et demi de Chinois et d'Indiens hautement productifs, qui plus est menacé d'invasion par 800 millions d'Africains qui n'ont trouvé, en réponse au Sida et aux guerres fratricides, que le rempart de copulations prometteuses.

— Où allons-nous comme ça ? s'épouvante la concierge.

Eh bien je vais vous le dire, moi, Buster. Sous la conduite éclairée de nos présidents, et par la volonté des godillots qu'ils traînent dans leur sillage, nous allons droit dans le mur. Et inutile de se bercer d'illusions. Dans l'espoir que Chinois et Indiens aligneront leurs salaires sur les nôtres (notre pouvoir d'achat baissant chaque jour tandis que grandit le leur, cela ne saurait tarder), au mieux parviendrons-nous à résister.

— Dans ce cas, nous…

— Eh bien non, frères et sœurs, nous ne sommes pas encore cuits. Nous reste une carte, que personne à ce jour n'a osé abattre : celle de la liberté, de la solidarité, des droits de la personne humaine. Du droit de l'enfant noir au pain blanc, du gosse indien à préférer l'école aux poisons de l'Union Carbide. Et c'est cette carte-là que nous opposerons aux dictatures chinoise, birmane et africaines. Du coup, nous retrouverons notre rôle.

— Bien beau. Mais où puiser l'énergie nécessaire ?

— Nulle part ailleurs qu'en nous, répond Buster. Voyez d'ailleurs notre Président et ses conseillers s'apprêtant à se rendre aux Jeux Olympiques de l'amitié, de la solidarité et du partage. Par leur abnégation, ces importants travaillent à la révolution mondiale.

— Alors, vive Sarkozy ?
— Et vive W. Bush !

3 - Questions, réponses

En permettant aux dirigeants communistes chinois, avec l'accord du Comité Olympique International, de contrôler les flux et contenus de la "toile", Google nous pose deux questions à 100 yuans :

1 / Combien le C.I.O. (comme la FIFA et autres promoteurs du sport), a-t-ils palpé pour la boucler ? Rappelons que ses dirigeants, bien qu'ils ne touchent aucun salaire (le C.I.O. est une association à but non lucratif), ont cependant des trains de vie de chef d'état, se déplacent en limousines blindées et ne fréquentent que les palaces.

2 / Les menaces terroristes pesant sur les Jeux de Pékin ne seraient-elles pas une fable montée par des dirigeants cacochymes pour déployer partout leurs centuries de robocops, mener leur petit monde à la baguette, viser le même but à l'échelle planétaire ?

En guise de réponse, glissée à votre oreille, cette interrogation : Nicolas Sarkozy ne ferait-il pas mieux, en vue d'acquérir la stature internationale (cf. le général de Gaulle) qui lui fait cruellement défaut, de s'écrier à la tribune officielle, le jour de l'ouverture des joutes, devant des milliers de figurants et des milliards de téléspectateurs d'abord sidérés, puis hurlant d'enthousiasme :

VIVE LE TIBET LIBRE !

Impossible. Si le grand Charles était un visionnaire, les gorilles de la World Company ont entre temps imposé leurs manières de voyous.

15 août 2008
4 - Prions

Buster avait oublié. Oublié le 15 août, journée dédiée à la Vierge Marie, génitrice de Marianne.

Si nous sommes croyants, délaissons donc nos jeux pour nous recueillir et prier pour elle. Et si nous ne le sommes pas, mettons malgré tout un genou en terre devant la femme qui nous a mis au monde et qui nous a guidés, la mère de celles qui nous ont tant donné et continuent d'offrir. Et tous ensemble, demandons au Grand Esprit des Cherokees*, demandons à l'esprit grand ouvert de l'Homme que nous allons devenir de modérer les ardeurs pétrolières, gazières, et financières des Bush, des Poutine, des Sarko-Berlusco et de la kyrielle de ceux qui en appellent au dollar pour fomenter leurs mauvais coups. Et que la Terre se remette à fleurir, et que nous nous enlacions à l'ombre de ses arbres, et que nous croquions dans le fruit défendu de la conscience et de la liberté !

* Cf Capitalisme, la chute et ensuite (page 122)

14

5 - Planète fric

La maison brûle, s'exclama Jacques Chirac à la veille d'abandonner à son successeur sa panoplie de président de la République. Défroque endossée aussitôt par un Nicolas qui s'empressa de baisser son pantalon (celui de Marianne en vérité) devant les potentats de l'univers. Lesquels n'en continuent pas moins leurs déforestations, leurs pompages de pétrole, leurs lâchers de gaz et leurs guerres de cent ans pour toujours plus d'oseille, toujours plus de pouvoir. Le monde serait donc fichu, ou peu s'en faut. Chacun cependant de prendre le taureau par les cornes, chacun de bander ses muscles et d'engager, derrière Jean-Louis Borloo, une lutte sans merci dans les Grenelles d'un environnement illuminé des feux du développement durable. Et les camions de se croiser de plus nombreux sur les routes buissonnières, les pubs d'envahir les esprits tandis que les Américains, pressés par les Brésiliens, les Indiens et Chinois qui n'ont de cesse de les rattraper, de consommer quotidiennement leurs six cents litres d'eau, soit dix fois les besoins d'une vache occidentale en état de lactation. On croît rêver mais pas du tout, et Benoît XVI de se dresser contre le préservatif, d'encourager les peuples à croître et à multiplier.

Si nous nous sentons mal partis, et avec nous nos chats, nos hamsters et leurs puces, la faute en revient donc… non pas au souverain pontife, de tout temps affairé au bien, mais à Sapiens, plus précisément à Sapiens sapiens, summum terrestre de l'évolution. Lequel Sapiens sapiens, dans le prolongement de son exploit lunaire, compte bien aller puiser sur Mars l'eau qui va lui manquer.

Mais ce pauvre bougre, à y regarder de près, est-il le véritable responsable de la catastrophe annoncée ?

L'appât du gain n'y serait-il pour rien ?

Et le fric ne…

Mais bon sang, qui donc l'a mise au point, la planche à billets ?!

6 - Roule, roule…

Nous autres Français refusons les vérités qui font mal. Les Américains de même, et pareillement les Espagnols, les Italiens, les Austro-Hongrois. Mais les autres, les Afghans, les Pékinois, les Bantous, vont-ils continuer à nous imiter ? En bref, l'humanité parviendra-t-elle à écrire son histoire sans plus la falsifier ? Pourra-t-elle transmettre à ses enfants des vérités qui ne soient occultées par les secrets défense, les secrets de famille, les regards par en-dessous ? Tant que nous mettrons à notre tête des Duce et des Pinochet, nous n'y parviendrons pas.

Maintenant, imaginons que nous portions au pouvoir des gens intègres ayant pour unique objectif l'évolution de leurs semblables… Imaginons qu'ils se réunissent, prennent place au milieu des coussins d'une thérapie mondiale, et que chacun avoue ce qui le chiffonne, pour quelle raison il a tant de mal à supporter son semblable, et que soient déterminées les causes de sa colère sitôt qu'on le chatouille, et pourquoi il s'en prend au voisin.

Imaginons que nous tombions le masque et que nous parlions vrai. Que nous prenions dans nos bras le plus âgé, le plus ridé, le plus bancal, que nous l'aidions à s'extraire de sa solitude, que nous l'invitions à rejoindre le groupe…

Au démarrage de la première séance de thérapie, nous prévient Buster, ce sera un beau bordel. Succession de cris, injures, coups de boule, santa Madre, regardez-moi ce con ! mais en finale retour des jours heureux.

Nations, royaumes, empires, reflètent l'état de leurs sujets. Si on méprise le citoyen, si on le rejette, si on lui refuse une relation autre que néandertalienne, eh bien *roule, se désole Buster, roule dans la plaine assombrie, roule, roule, train du malheur !*

Et d'imaginer une humanité lavée de ses scories.

7 - **Notre richesse**

Justice et morale, affirme avec raison Vava de Nantes, *appartiennent aux archives*. *Et* elle a raison. Si on observe la société, si on mesure sa modernité par le petit bout de la lorgnette, force est de constater que ces notions, ridiculisées par le rejet de l'éthique, autrement dit par la satisfaction des appétits les plus grossiers, sont cul par-dessus tête. Quelques hauts personnages malgré tout, œuvrant en douce, se réunissent et rafistolent. Cela sous le regard indifférent de citoyens inquiets pour leur épargne, mais qu'on rassure par ce bon mot : *la crise est sous contrôle* !... Marcel alors de retrouver sa lime, Ginette son fer à repasser.

Caricature ? Le monde est un bouillon où se comptent par milliards les Marcel et Ginette.

Si les parents de Marcel et Ginette ont autrefois lutté pour de meilleures conditions de vie, s'ils ont en 1936 enfourché leurs vélos pour pédaler sur les chemins de la liberté, gagner la mer et envahir les plages réservées jusque là à la "haute", leurs descendants se sont quant à eux détournés du grand large pour s'en aller s'acheter une glace, la consommer en feuilletant Gala. Et si la vision de l'océan permit à leurs parents d'acquérir les notions de vastitude, de générosité et d'ouverture au monde, Gala et sa mélasse ont au contraire ramené les objectifs de Marcel et Ginette à l'acquisition du pavillon clé en main et de la télé plasma, témoins leur grimpette sociale.

Maintenant, frères et sœurs, permettez à Buster de nous l'affirmer : l'effondrement de la finance est une chance pour nous autres, qui conservons en nos pupilles l'éclat des horizons iodés. Que nous chaut que la gauche, aussi pitoyable que le DSK d'hier nous enjoignant de voter Chirac, ne nous apporte d'autre réconfort que l'acceptation du désastre.

Tout s'écroule ? Eh bien soit ! Acceptons le breuvage concocté par Marine Le Pen, portons-le à nos lèvres, recrachons-le avec dégoût et reprenons conscience.

8 - Babel et Boeing

Hier, cherchant un visuel pour illustrer son billet sur l'effondrement de la finance, Buster s'en fut se promener du côté du Veau d'Or. Lui vint ainsi l'idée de substituer au symbole religieux les tours du WTC.

À ce propos, permettez-lui de vous assurer : il n'est ni juif, ni chrétien, ni musulman ni rien. Pas même baptisé. Autrement dit ne croit pas en Dieu, mais plutôt en la réunion des trois éléments constitutifs de l'univers : la matière, l'énergie et l'esprit. Mais qu'on nomme cela Dieu ne le gêne pas, il a l'esprit ouvert.

Donc, le World Trade Center, en pleine bataille navale entre Ben Laden et Bush…

Une tour touchée, un point pour Ben Laden. Une seconde, second point… Et le jackpot lorsque l'une et l'autre s'effondrent, magnifiquement suivies par une troisième, la WT7, placard du FBI. Buster termine aussitôt mon billet.

Il va le mettre en ligne lorsque lui vient le désir de noter sous le cliché des twin towers en flammes le nom du photographe, qu'il ne parvient bien sûr à retrouver. Ce qui lui permet de passer de la création à la recherche. Mis dans un état second par l'écrasement spectaculaire des Boeing sur les deux édifices, et touché par la grâce, d'inscrire alors sous la photo : *Babel towers collapse*.

Dézinguées, les tours de la Finance !… Foutu bas, le symbole du Pouvoir !… Pulvérisé, l'impérialisme US !

Les deux Boeing pilotés par le terrorisme représentaient la main de Dieu foutant aux chantres du Veau d'Or la torgnole des torgnoles.

— Dieu soit loué ! jubilait-il devant les vidéos tournant en boucle.

— Allahou akbar ! lui répondit la Palestine.

9 – Confiture, déconfiture et mayonnaise

La crise… Comme si cette crise avait été imprévisible. Comme si le capitalisme financier, ne prospérant que sur les déséquilibres qu'il entretient, pouvait apporter autre chose que suffisance et fortune d'un côté, misère et frustration de l'autre. Aveuglés qu'ils étaient par les carottes promenées sous leur nez, les salariés avaient hélas perdu de vue cette vérité. Pas les maîtres du monde, bien entendu, qui s'en amusaient et prenaient du bon temps, et qui auraient continué si les plus rapaces n'avaient jugé que leurs poches s'emplissaient trop lentement. D'où le jeu de dupes que l'on découvre enfin : tu n'as pas de fric on t'en prête, tu ne pourras rembourser on s'en fout, primes, subprimes et sub-subprimes, ne poussez pas y'en aura pour tout le monde.… Au bout du compte on te flanque sur le trottoir, ta femme sur la poubelle, tes gosses en larmes sur ses genoux, ton écran plat fêlé, ton canapé occupé par les chiens.

Et crac, lever du rideau sur une bauge dissimulée sous le clinquant, pleins feux sur des malfrats pendus à la mamelle de l'abondance. Avec une main dans le pot de confiture, un pied dans la mélasse…

— Putain c'était pas prévu !

Bien sûr que si, que c'était prévu, et de longue date ! Voici d'ailleurs des consultants, missionnés par l'Olympe, venus souffler à Christine Lagarde de rassurer le peuple : ses économies sont en de bonnes mains, le Président va profiter de la mauvaise conjoncture pour remettre de l'ordre dans le foutoir capitaliste, bétonner son pouvoir et augmenter les retraites, verser une prime de noël aux chômeurs, chouchouter les malades, construire des pavillons à 3 € par jour, venir en aide aux handicapés, tapoter la joue des enfants et sourire aux mamans avant d'aller s'empiffrer aux G7, G8 et G tout faux mais je m'en fous, je suis l'ami des ouvriers de Renault, je dépose une gerbe au Mur des Fédérés, je tutoie Jean Jaurès.

Et nos socialistes, pendant ce temps ? Eh bien nos socialistes courroucés font semblant de protester, et leurs godillots cravatés de caresser les foules en portant au Zénith une Ségolène en costume de hippie.

« La luttes des classes est sur le point de s'achever », déclare alors le richissime Warren Picsou, papy zinzin le plus sensé de l'univers. « Et c'est nous, les milliardaires, qui allons la gagner ».

Buster de s'emparer alors du micro... *halte là !* et de monter au créneau...

Un coup de pied dans le panier de crabes ! proclame-t-il devant la foule des indignés. *Saisissons-nous de ces bestiaux, plongeons-les dans le bouillon !*

Puis, à la perspective de banquiers passés à la casserole lors des assemblées citoyennes, de casser trois œufs pourris, de saisir de la main droite une fourchette, de la main gauche une bouteille d'huile de char, de faire monter la sauce et de la leur offrir.

10 - Avenir

Fin de la crise. La Bourse retrouve enfin ses couleurs, les banques se redressent, le moral remonte.

Puants, rampants gluants et malfaisants l'ont emporté sur les dépossédés, certes, mais rien ne dit que la victoire leur soit acquise dans le long terme. D'ailleurs, loin d'eux l'idée de danser la carmagnole ainsi que le firent les héritiers des sans-culottes parmi les coquelicots, les marguerites, les bleuets et les casques abandonnés de la Libération, alors qu'on s'apprêtait à diriger le train de l'humanité non pas vers le gouffre des dettes, mais vers des jours heureux… Prudents, ils vont au contraire se planquer quelque part, se mettre sous la coupe d'agents de sécurité recrutés chez les blacks affamés, et si bien se la couler douce que la mauvaise conscience va les paralyser, la prochaine crise les terrasser plus sûrement qu'un virus.

Conclusion : l'avenir de l'être humain n'est pas dans la multiplication de ses profits, ni dans l'accumulation de ses points de retraite, ni dans les lingots d'or qu'il dissimule au fisc. Non plus que dans la sécurité dont on lui rabat journellement les oreilles. Non plus que dans le travailler-plus pour gagner plus et plus, à moins que ce ne soit des clous. Son avenir réside en l'éclosion qui lui ouvrira les yeux, en l'utopie tant décriée par ceux qui ne savent qu'asservir et, comme tu l'as si bien dit, frère Jacques, qui ne pensent ni ne rêvent, mais qui comptent.

11 - Trahison

On ne sait si la cause en revient à la baisse du taux directeur de la Caisse d'Epargne, mais ce lundi s'annonce gris. Aussi gris et sombre que le faciès de notre malheureux Strauss-Kahn, étoile ô combien pâlissante d'un socialisme libéral, ou d'un libéral-socialisme lui-même ô combien pâlissant à l'horizon d'un avenir bouché.

Ce Dominique sort par les yeux, à Buster, par les trous de nez et tous les orifices, y compris ses oreilles. Pourtant, en plus d'un latin lover de renommée mondiale, ce DSK est une tête. Et pas une petite tête comme l'est le président Sarkozy, mais une grosse. Et si bien remplie, et à ce point pesante qu'il dut se la prendre à deux mains, le jour de la montée de Jean-Marie Le Pen sur le podium du premier tour, pour annoncer à la France atterrée qu'elle devait coûte que coûte défendre la République, défendre ses valeurs, voter en conséquence pour celui qui ne ferait jamais rien : pour son ami Jacques Chirac.

Accablé qu'il était ce jour-là, le stratège du PS. Gris, limite blafard, de la couleur de la France des lendemains d'alors, c'est-à-dire de la France d'aujourd'hui… Pourtant Buster se rend à l'évidence : le grand économiste voyait juste. Sans ce Chirac fatigué, certes, mais ô combien efficace au poker où se gavent les nantis, où en serions-nous en cette heure ? Nous aurions eu Le Pen et sa garde rapprochée, ses nervis, ses casseurs de bougnoules, si bien que Nicolas Sarkozy ferait actuellement le grand écart entre les vivats de sa majorité et les huées de l'opposition. On rigolerait. À cette réserve près que les deux droites, la puante et l'insupportable, auraient fini par s'entendre pour n'en faire qu'une, de sorte qu'aucun DSK ne puisse la contester. Du coup, rassemblée dans sa lutte ancestrale contre la réaction, la gauche au… la gauch aur… mais de quelle gau… de quelle gau-gauche parlons-nous, et où est-elle, cette gauche qui ne cesse de trahir, cette gauche qui ne sait à quel croquemort confier son agonie.

12 - En passant

Merci, chère Valériane, répond Buster à une de ses correspondantes, merci pour ton commentaire, que j'ai pris en pleine tronche.

"Pleine", c'est quand même beaucoup dire. Voici cinq ans, alors que je quittais Paris, le phénomène Sdf n'avait pas l'ampleur qu'il a prise aujourd'hui. Et dans la mesure où je n'aurais pas effectué de détour par mon ancien quartier avant de me rendre avenue de la Grande Armée, ce billet n'aurait pas existé : aucun malheureux en effet aux abords de l'Étoile. Montparnasse, en revanche, est sur le point de rejoindre le vingtième, le onzième et le Bronx pour le nombre de démunis vivant sur ses trottoirs. Aux alentours des cinémas, on ne les comptait plus.

Solidarité perdue ? Si les citoyens de la Rome antique, en tant que tels, avaient droit à la nourriture, ce n'est plus le cas chez nous. Évidemment, nous avons eu l'Abbé Pierre, aux obsèques duquel se pressa le gratin du show biz et de la politique, et il nous reste les restos du cœur. Seulement, nos people paraissent ignorer que les chiffonniers du Caire sont désormais chez nous, dans des quartiers qu'ils ne fréquentent jamais. Tu comprendras ainsi que je ne loupe jamais une occasion de leur rentrer dedans.

Reste la photo de cette femme sur le trottoir, emmitouflée dans une couverture, un livre entre les mains… préférée à cette autre, d'un type échoué dans des cartons… et préférée pour la raison que la lecture, poursuivie dans le froid, permet à la naufragée de demeurer de ce monde.

Pour finir, Valériane, accorde-moi cette vision : Carla et Nicolas, non loin de leur limousine, découvrant ce tableau et se figeant sur place, s'enquérant des besoins de la dame, du même coup des besoins de la France….

Ben sûr, ce n'est là qu'un fantasme, notre président ne saurait que dire à la lectrice et puis, s'agenouillant parmi les déjections canines, il risquerait de ternir son image.Billet du 29 août 2008, placé ici pour les besoins de la cause

Billet du 29/8/2008 placé ici pour les besoins de la cause
13- Vingt dieux !

Pas de place pour lui dans la partie de poker menant le monde à la déconfiture ? Buster apporte une chaise dénichée on ne sait où, lui rafistole un pied avant de grimper dessus et de nous considérer.

Pas d'autre but que le fric, d'autre objectif que le 4X4, avec en prime du CO^2 et de la pollution, de la contestation et des conflits ?... Buster de se gratter alors la tête et, sans plus hésiter, de prendre cette résolution :

Plus jamais ne boira ni ne consommera de shit, ni ne s'enrichir au détriment de son frère, ni ne trompera sa sœur, ni ne jouera des coudes pour se placer en tête au démarrage des soldes. Ni tiercé ni loto, droiture et ascétisme. Ne parvenir à ses fins que par le jeu conjugué des membres et de la tête, autrement dit de la bite et du couteau. Ce rapprochement osé, né du génie populaire, va d'ailleurs devenir la devise des opposants à la ploutocratie. Nœud de travers contre nœud de VIP, le sexe mâle en traduction de la puissance, la lame en celle de l'ouverture de l'esprit devant une huitre close. Ne qualifie-t-on pas certains arguments de tranchants, et le couteau ne traduit-il pas le génie de l'Homo sapiens ?... Si nos coutelas ne ressortent pas dans les années à venir, les pôles n'auront plus de glace, ce sera la canicule avec des conséquences qu'on sait sur les personnes âgées, sans oublier les nourrissons laissés dans les voitures pendant qu'on fait les courses.

Or, comment cesser de répandre des gaz quand a besoin de cuisiner, quand brûler du pétrole rapporte des montagnes d'oseille et que sans fric pas de prospérité, pas de grimpette possible, en plus de ça la guerre à l'horizon pour raison de mésentente entre ceux qui en ont et ceux qui n'ont pas de quoi.

Fin d'un monde ? Buster de descendre alors de sa chaise, de squatter un bureau et d'y entreprendre, animé par la rage, la rédaction de son prochain chef-d'œuvre.

14 - Miasmes et démocratie

Malgré les explosions de boules puantes, malgré que la planète aille mal, malgré ce qui sépare les peuples, le voici persuadé de l'élévation de notre espèce vers ce à quoi elle tend.

Pour l'instant, si nous devons devenir des esclaves, songe-t-il, allons-y joyeusement. Et si nos concitoyens n'ont toujours pas réalisé que leurs gouvernements se fichent d'eux comme d'une guigne, soyons heureux de la remontée du CAC. Comme nous aurions été amusés, voici six ans, que Le Pen l'emportât sur Chirac.

Buster le sait, de tels propos vont faire hurler la gauche. Hurler les 82% d'électeurs que DSK, mué en gourou, a fait se mettre en rang devant leur tombe. Car le second mandat d'un Chirac ralenti par la goutte nous a conduits à lui choisir un successeur dont on entend surtout les y'a-qu'à suivis des faut-qu'on. Sarko d'en mettre ainsi plein le vue aux myopes sans avancer d'un poil, nous dirons même en reculant sur tous les fronts, à commencer par celui du mieux-vivre qu'il avait promis.

Le Pen aurait-il fait pire ? Sous sa présidence, la droite républicaine se serait trouvée devant ce choix critique : ou bien son ralliement provisoire aux idées socialistes, ou bien son adhésion définitive au discours fascisant. Coupée en deux, elle aurait alors connu les affres de la gauche actuelle : une moitié à hue, l'autre moitié à dia — allez donc avec ça, alors que le navire prend de la gîte, que les vieux militants sentent se nouer leurs tripes pendant que les nouveaux jaunissent en se dirigeant vers la cuvette, servir au citoyen un rata acceptable ! Du coup, les dernières élections se seraient traduites par l'arrivée aux affaires d'un homme plus éclairé, plus fin, plus respectueux du peuple que la réplique d'un *cavaliere* transalpin à la politique pour le moins discutable. Mais n'allons pas plus loin, nous risquons l'incident.

Les États-uniens pendant ce temps, comme tous les quatre ans, se trouvent au pied du mur eux aussi : McCain, ou Obama ? Le choix est difficile.

Comme la plupart de ses concitoyens, Buster voterait pour Obama : plus jeune, plus élégant, plus représentatif d'une nation pionnière, et moins borné que le vieux canasson s'essoufflant à le suivre. On se dit en même temps que les lobbies sont là-bas à ce point puissants, les électeurs de l'Amérique profonde si peu au fait de leurs agissements que la machinerie capitaliste, rafistolée par Obama, risque de fonctionner quelques années encore... Si au contraire, à la consternation générale, c'est McCain qui l'emporte, les fortunes continueront de grossir tandis que les surendettés se multiplieront, que l'économie déjà flageolante produira du chômage, que les chômeurs envahiront Wall Street. Dans de telles conditions, on voit d'ici le torpilleur américain s'enfoncer dans ses déjections, son lent naufrage annonçant le renouveau.

Cependant, s'introduisant subrepticement dans la peau d'un cow-boy de Jerrican City pour découvrir que Barack *Hussein* Obama, musulman par la couleur de sa peau, donc membre d'Al-Qaïda, donc communiste et le couteau entre les dents, prévoit d'ouvrir à la Maison Blanche une succursale du goulag sibérien, par là de mettre en berne le rêve d'une Amérique peuplée d'Américains heureux... eh bien Buster installe McCain dans le bureau ovale.

Parce qu'avec ce bon vieux Mac, disciple des Reagan, des Bush, des Cheyney et Rumsfeld qui ont tant fait pour les nantis, on est certain que les milliardaires continueront de jouer à La Grande Bouffe jusqu'à la vomissure finale, suivie de la souillure de leur bénard.

D'aucuns appellent cette attitude la politique du pire. Buster la nomme quant à lui le meilleur moyen d'en finir (à l'image du lutteur transformant en plat de nouilles un adversaire aussi musclé que con) avec les descendants de Cro-Magnon que sont les banquiers et leur serviteur, autrement dit le politicien de carrière, habité d'inquiétudes à lui retourner la veste.

15 - Cornuto

S'il n'avait l'impression de tirer un boulet, il serait ce matin, à l'image de ses frères d'espérance et de foi, le plus heureux des hommes. Or, confronté à des États-Unis venant enfin, après avoir installé au pouvoir des Ostrogoths qui la mènent en douceur à ce que devint l'URSS, de porter à sa tête celui qui pourra la sauver : Barack Hussein Obama, fruit du croisement d'une blanche et d'un black… eh bien face à cette Amérique-là, qui en plus de renaître assumera le rêve d'une foule aux origines diverses, eh bien face à cette Amérique revenue parmi les peuples, Buster est comme désarçonné. Obama est jeune, il est franc, il ne mâche pas de chewing-gum. De plus il se tient droit et son sourire, ni convenu ni suffisant, lui permet de s'adresser au commun des mortels. Et chacun l'a senti, qui l'a soutenu de sa première apparition à sa victoire du jour.

Immense devrait donc être la joie de votre serviteur, mais la joie qui l'effleure ce matin, à l'audition du résultat des élections américaines, le confronte à un vague à l'âme rehaussé d'écœurement.

Outre Atlantique, si la population a rejeté les gorets qu'elle avait installés au pouvoir quelques années plus tôt, si elle vient de faire amende honorable et de se ressaisir, que dire de nos Européens ?

Sarkozy… Berlusconi… !

Cocu, se découvre Buster.

26 novembre 2008
16 - Ensemble

Les socialistes en ordre de bataille pour leur prochaine déroute, remontée inattendue du CAC, chat Couli-couli ronronnant devant le feu…

Aube d'un hiver qu'on prévoit rigoureux tant pour le Sdf que pour le chefaillon — le Sdf parce qu'il craint le gel, le chefaillon ses actionnaires.

Ensemble tout devient possible, a proclamé le président Nicolas Sarkozy. Mais les Français ont cessé d'être ensemble, le trop d'argent et son absence ont creusé un fossé entre ceux qui en ont à ne savoir qu'en faire et ceux qui en voudraient un peu…

Certains s'éveillent sur des matelas de dollars et d'euros, d'autres dorment sous des cartons, au milieu de papiers gras et de rêves en lambeaux…

Lorsqu'il était en culotte courte, Buster et ses copains louveteaux chantaient une chanson qu'il n'oubliera jamais :

Ensemble nous avons marché,

ensemble tralala…

marché le long tralala…

Mais qu'elle est loin, l'enfance !

17 - Terre d'asile

Accueil, fraternité, allons z'enfants, on est le plus beau pays du monde. En plus, on est le pays de Napoléon, lequel a porté nos valeurs au pinacle. Celui aussi du général de Gaulle, celui maintenant de Nicolas Sarkozy, plus nerveux que costaud, d'accord, mais sur lequel on peut compter. Pas étonnant que nous soyons la nation la plus visitée au monde. Les Chinois n'en croient pas leurs yeux lorsqu'ils viennent le 14 juillet photographier le défilé, et sans parler de leurs semblables aux narines dilatées, attablés pendant ce temps devant nos escargots.

Vous direz qu'en Puisaye, des étrangers, on n'en rencontre guère. Même en été, à part des parisiens et quelques égarés descendus de Montargis, nul ne se bouscule au portillon. En tout cas des bridés, des enturbannés et des blacks on n'en croise pas bézef. Aucune mosquée, pas le moindre Mandarom, juste une église au milieu de chaque village, appelée à demeurer d'aplomb tant que ses portes restent closes.

N'empêche, on a résisté aux Huns, on a résisté aux Aryens, on résiste à tout. Ceci dit, ce qui hérisse le plus par rapport à ce qu'on nous apprit quand on était gamin (liberté, égalité et le reste), c'est de voir du gendarme embusqué pour le chiffre. Parce que celui qui ne fait pas son quota, redescendu en bas de l'échelle, et vite fait. Dans ces conditions, c'est à celui qui tiendra le plus fermement les jumelles, à qui maniera avec le plus de succès le périscope de derrière le tas de foin. Et toi qui sors en marche arrière de la ruelle de la Mare, à Sauilly, hameau qu'on ne trouve sur aucune carte (tout ça pour dire que ce n'est pas le périf' parisien), tu te vois encerclé, « et la ceinture, où elle est ta ceinture ? » Et on ne te demande pas de souffler dans le ballon, on ne te fouille même pas, on a son quota, le reste on s'en fout. Et toi tu écopes un max, en plus on te retire trois points.

Mais le pire, à ce qu'on a raconté dans le poste, c'est la

fouille des gamines à l'école, avec chiens renifleurs de crack. C'est des conneries bien sûr, nos filles nous ressemblent, elles sont comme nous, elles préfèrent le coup de blanc. Mais les flics sont si cons qu'ils croient tout ce qui leur vient d'en haut, et les voilà qui tiennent la maîtresse en respect, le chien pendant ce temps reniflant les cartables, les trousses, les plumiers et même les petites culottes... — pas besoin de pousser plus loin tellement ça vous révolte.

Heurtefeux ou un nom comme ça, qu'il s'appelle, le metteur en scène de l'opération. Ou alors Mam, qui aurait mieux fait, au lieu de s'en prendre à la schnouf n'enfumant que sa bonne conscience, d'envoyer nos gendarmes établir l'ordre chez Mahomet. En tout cas ces deux-là, qu'ils s'avisent pas de débarquer à l'école de Sauilly. Parce que là où nos gars et nos filles y s'instruisent des bonnes mœurs, qu'ils n'aillent pas l'oublier, c'est à côté de la mare.

18 – À bicyclette

Judicieusement — prix de l'essence en hausse accélérée —, Buster a regonflé son vélo. Seulement voilà, le premier Maxi Marché se trouve à dix kilomètres, soit vingt bornes aller-retour par une route où se succèdent deux à trois cents voitures à l'heure, soit deux à trois cents bagnoles qui vont le frôler chaque fois qu'il ira faire ses courses avec charreton attelé où caser les achats — huile, sucre, cubi de Bergerac, pommes de terre (les siennes ont pourri en cave), pain, dentifrice, fromage, etc., ensuite poignée de maquereaux en promotion, deux côtes de porc pour le dîner de samedi avec coquillettes aux œufs frais, olives et sauciflard, sans oublier la goutte, un verre le soir au coin du feu ça vous ravive un homme. Au bas mot dix kilos, plus la bouteille de gaz. Alors imaginez les Twingo, les Espace, toutes ces bagnoles de parisiens ralentissant à sa hauteur avec des yeux écarquillés — oh maman, le péquenaud !... — et le péquenaud de leur envoyer ses amitiés mais je t'en fous, alors bras d'honneur et allez vous faire voir. Seulement les courses et tout ça, quand on pédale avec la goutte au nez, c'est pas vraiment de la tarte.

L'idéal, c'est le vélo muni d'un panier métallique, d'un porte-bagages où arrimer le gaz, de deux sacoches amovibles où fourrer les achats. Et quand on n'a pas de butane à trimballer, on peut rajouter un cageot où installer son chien, sa canne à pêche, les asticots dans les sacoches, le poisson dans le panier. Et si ça refuse de mordre, on a toujours les champignons, le meilleur c'est en omelette

Vous allez rétorquer que tout ça, ce n'est pas la France qui gagne, ça tient du Chasseur Français plutôt que de Gala et du reste. D'accord, mais là où vous devrez revoir vos opinions, c'est que la bicyclette de Buster n'est pas une machine comme on en voit partout. C'est un VAE (véhicule à assistance électrique) garanti deux ans, avec batteries, clé de contact et témoin de charge.

Admirer le paysage, s'emplir du croassement hivernal des corbeaux en goguette, jouir du spectacle du gel et saluer Kloelle, et saluer la Pivoine, charmantes blogueuses au parfum de lointain, mais si proches !... Et lorsqu'au retour vous traversez votre village, vous pouvez à loisir zigzaguer, jouer les facteurs confrontés aux nids de poules d'une voirie hors d'âge, projeter une guibole par-derrière et la ramener tranquillement contre l'autre, vous immobiliser aussi sec et saluer.

Mais attention, frères et sœurs qui avez apprécié *Jour de fête* lorsque la guêpe attaque. Avec le VAE suréquipé, ne tentez pas d'imiter Hulot. Si vous avez le malheur de lancer derrière vous votre jambe pour exécuter devant Aleajactaest ou Helenablue, comme vous en avez l'intention, une arrivée de toute beauté, vous accrochez votre cageot et prenez une gamelle.

19 - Retour à la tribune

Le fléau de notre époque, ne tentons pas de nommer, nous arrivons trop tard. Nos mères l'ont désigné pour nous en détourner quand sous étions petits, nos pères l'ont imité pour nous terroriser. Il s'agit du LOUP.

Du loup, autrement dit du supérieur, du possédant, du PDG, du chef, du Mokhtar Belmokhtar, du monsieur qui gouverne. Et le loup de se déguiser pour guetter nos désirs, le clone du loup d'œuvrer dans le même sens, le serviteur du clone d'épauler ce dernier, le serviteur du serviteur de l'imiter, enfin le gardien de l'ordre (nous atteignons ici le niveau zéro d'une fonction publique à ce point dégradée qu'on y embauche des types sans éthique ni culture) de sortir son carnet. Fondement de la pyramide, l'assermenté croit en effet dur comme fer aux bobards que lui transmet sa hiérarchie, et se doit de châtier le peuple.

Alors je vous le dis, moi, Buster : la plaisanterie n'a que trop duré. Aujourd'hui, le loup capitaliste ayant mué en ogre, il serait temps que les moutons disent non.

Finance et accumulation, nées l'une et l'autre à la faveur de tontes de plus en plus fréquentes du troupeau de bêlants abrutis que nous formons, sont à ce point devenues les ennemies de la nation qu'il apparaît urgent de leur mettre la pâtée. D'autant qu'avant longtemps, au rythme où va le progrès, la gent ogresse n'aura plus guère besoin de grouillots. Des machines fonctionnant au doigt et à l'œil, au solaire et au vent vont à jamais remplacer, chez Amazon et autres MacDo, un personnel humain payé à coups de lance-pierre.

Cette question au passage, histoire de s'attaquer à du sérieux : que fera l'ogre de la kyrielle de chômeurs que nous allons devenir ?

20 - Génie de l'ogre

Les moutons fatigués, l'ogre s'en débarrasse. En attendant, au lieu de faire venir de pays producteurs une main d'œuvre qui rejoindrait les syndicats lui échappant encore, il préfère déménager ses usines dans des pays sans foi ni loi — tu la boucles, tu dors sous ta machine et tu auras ton os.

Car ce ne sont donc pas des gens comme nous qui nous coupent l'herbe sous le pied, mais de pauvres diables satisfaits du brouet qu'on leur sert. De plus, ne connaissant rien à rien, ils sont contraints de travailler jusqu'à l'épuisement sous la férule de contremaîtres tirés du rang, qui veilleront sur leur rendement. Et cela pour leur bien. Parce qu'un algérien d'usine c'est quand même autre chose qu'un bougnoule de djebel — le cul au diable et le nez dans les orteils du frère priant devant lui, tout ça pour crever de faim alors que dans les centres de profit que nous mettons à sa disposition — voyez comme il est fier, propre sur lui et tout, même que sa femme le porte aux nues, que son chef est un oncle, que sa marmaille prendra sa succession — nourriture et retraite assurées, alors pas de place pour le feignant, pas de place pour l'intello.

Ainsi, tandis que nous pointons à Pôle Emploi, l'ogre refile la patate chaude aux Turcs, aux Chinois, aux Arabes. Cependant, pas de panique. Les restos du cœur ouvriront le dimanche, ainsi que l'a promis Sarko. En prime, d'après ce qu'affirma Johnny entre deux rots à la sortie du Fouquet's, il se serait même engagé à ce qu'aucun travailleur ne dorme dans la rue. Du coup, y'a pas photo, les arabes comprendront que la grande vie dans le 93 n'est pas un fleuve tranquille, qu'il faut remonter ses manches et se cracher dans les mains si on veut s'en sortir.

— *S'en sortir…* d'accord, mais de quoi ?

— Dis donc, l'intello, arrête de nous casser les burnes ! D'abord, nos technocrates sont diplômés d'état, et notre président se décarcasse. Alors pourquoi nous inquiéter. La solution, il est forcé de la dénicher, on l'a élu pour ça.

21 - Stratégie de l'ogre

Turn-over monstrueux, coûts de fabrication à s'arracher les cheveux, retours nuls sur investissements ? Problèmes résolus. Les investisseurs investissent, les profits affluent, la machine tourne rond.

— Vous devriez pourtant vous inquiéter, mon cher Ernest-Antoine. Chinois, Turcs, bâtards et aborigènes vont prendre exemple sur votre personnel pour vous réclamer l'impossible. Déjà qu'ils partent en vacances et envahissent vos plages, squattent vos hôtels et piétinent vos plates-bandes, comme à l'époque de Léon Blum, ils seront avant longtemps capables de vous damner le pion en Afrique, de vous confronter la propension du black à consulter le sorcier quand il ne comprend pas... Le beau succès que vous allez remporter !

— Ricanez, mon ami, ricanez ! Une fois en brousse, au niveau le plus bas qu'on puisse imaginer, il nous sera ardu de progresser, je vous l'accorde. Et si je vous comprends, quand Pygmées et Mandingues auront acquis notre savoir et nos technologies comme avant eux Moldaves, Birmans et Togolais, ne nous restera que cette perspective : troquer nos costumes contre des boubous, pousser nos Caddies de bambou dans la cour des miracles... Fort drôle, je vous l'avoue, et je vous permets d'en rire. Mais je ne pense pas que l'avenir soit ainsi que vous le présentez. Pour nous, gestionnaires dont le bras est aussi long que la fortune est vaste, pour nous qui manœuvrons les marionnettes que vous portez au pouvoir, il est hors de question de retourner dans le ruisseau. Nous avons mieux à faire.

— Je n'en doute pas, Monsieur le Baron. Mais je crains...

— Craignez ce que vous voulez, autant que vous le souhaitez, et regagnez votre coquille. Maintenant, imaginez que nous ayons tondu le dernier mouton...

— Dans ce cas, adieu la courtoisie, Pinault va dévorer Arnault, Bouygues se jeter sur Mittal avant de passer entre les griffes de Krupp… Bonjour la guerre. En bref, vous allez vous mordre la queue.

— Détrompez-vous. Les infortunés que nous sommes ont plus de ressources que vous n'imaginez. Au bout de six jours, satisfait de son ouvrage, le Créateur ne s'est-il pas accordé du repos ? Nous allons l'imiter.

— Ce qui n'empêchera pas le négro de vous voler dans les plumes.

— M'étonnerait ! Nous lui inculquerons ce qu'il lui plaît d'entendre.

— Par exemple ?

— La haine à l'encontre de gens comme vous. Et la même aversion à l'encontre du Turc, la même à l'encontre de l'Indien, du Chinois, du bâtard auquel vous faisiez allusion, chacun arborant la même attitude vis à vis de ses semblables. Et comme c'est nous qui possédons la clé du garde-manger et de la pompe à eau, nous qui fournissons à la fois le bouclier et le glaive — et à crédit je vous prie, et à des taux défiant toute concurrence —, ce joli monde va s'empresser de se tailler des croupières.

— Mais c'est la guerre que vous envisagez.

— Et alors ? »

15 décembre 2008
22 - Solution

Avant longtemps, les tenants du capitalisme n'auront que faire de leurs gens. Déjà, voici qu'ils les remplacent par des automatismes.

Pour saisir la manœuvre, voyons son principal acteur : membre de la jet society, il passe d'un continent à l'autre, mêle coups fourrés, plaisirs et affaires dans la même geste victorieuse. Son seul problème est que Buster et ses semblables commencent à ruer dans les brancards...

Savoir si ces gars-là n'envisagent pas de le détrousser...

Mais le mensonge me protège, raisonne-t-il. De même l'absence de convictions des ventres mous agrippés au pouvoir... À la moindre étincelle cependant — et le voici qui s'inquiète... Oubliant Badinguet, il en arrive à la seconde guerre mondiale, assiste au triomphe des panzers, s'en va se promener à Kiev, puis du côté de Babi Yar*. Quelques instants plus tard, il est pris d'un fou rire.

La solution vient de lui apparaître, qui résoudra tant les problèmes de surpopulation que de sous-nutrition, de chômage, de réchauffement climatique, de raréfaction du gaz et du pétrole, en bref des dysfonctionnements dont l'action est contraire à la bonne marche des affaires.

La solution la plus simple, aussi vieille que le monde, devra donc s'imposer... à ceci près que le monde risque de protester... Mais l'objection est aussitôt balayée : le monde pourri à l'édification duquel il contribue depuis des siècles lui semble trop porté sur ses rivalités pour se soucier de survie, à fortiori de développement...

L'intelligence et la perspicacité sont le propre de l'ogre, non celui de ses victimes.

Et le voici qui réfléchit au virus Ebola, aux perspectives qu'il offre...

---

*   Lieu du massacre par les nazis, en deux jours, de 33771 civils, juifs pour la plupart.

23 - Solution (suite)

L'ogre néolibéral dispose de moyens suffisants pour s'être fait construire, à l'ombre des palmiers, un refuge à toute épreuve. Cependant, n'allons pas croire qu'il va, en cas de panique, presser le bouton de l'holocauste. Ses autres armes lui semblent suffisamment efficaces pour arrêter les hordes qui pourraient le détrôner.

De quelle nature son armement est-il, quel est son champ d'action, quels seront ses effets ?

Voyons cela.

Une énième crise financière ? Dangereux. Le nettoyage de printemps promis par la racaille suffirait à la conjurer. Pire, étant donné la propension de Facebook à réunir les quatre coins du monde, une barricade à Pétaouchnok influenceraitNeuilly…

Une crise énergétique ? Étant donné sa démographie galopante, l'humanité aura de plus en plus besoin du pétrole qu'il détient… Mais il suffira d'un grain de sable pour que le terrorisme, remplaçant les énergies fossiles par le soleil et le vent, parvienne à satisfaire la demande.

Une crise alimentaire ? Il suffira de fermer trois robinets pour que s'entretuent les millions de cancrelats… C'est d'ailleurs la raison pour laquelle Israël, en sa sagesse, a érigé des murs la protégeant des convoitises. Mais avec ses tunnels, la contestation s'infiltre sous les mensonges…

Seule solution, la surpopulation.

La regarder se développer et monter en puissance.

Bientôt dix milliards de terriens, plus que la terre ne pourra en nourrir… Si on ajoute à cela le dérèglement climatique, la disparition de la banquise, le montée des eaux et ce qui s'ensuivra, on en arrive à un capharnaüm tel que la fin des soucis se précise. Et si des abrutis s'en sortent et crient vengeance, restera le Round up de l'ami Monsanto, à introduire dans les sources, dans les nappes phréatiques et le Coca Cola.

24 - Solution finale

Banquiers et managers de l'absurde s'ingénient à réduire la personne humaine aux fonctions de clé à molette et de presse-bouton. Mais cette obstination ne leur suffit pas, et les voici qui cherchent, comme le fit cet imbécile de Führer, mais de manière moins brouillonne, à régler à jamais le moindre problème de société. Pour le moment cependant, ils n'iront pas jusqu'à bâtir des centres incinérateurs où venir à bout de la contestation, ils ont trop peur des conséquences. Mais ils n'ignorent pas que demeurent à l'air libre nombre de génies de l'holocauste, et que le nazisme (reconverti dans la technocratie) a peu à peu introduit son poison (la compétitivité) dans les univers des production, consommation et gouvernance. Respect dû au chef, profits exponentiels pour le décideur, restrictions en série pour le travailleur aux mains sales, si bien nous pouvons comparer les poulaillers modernes, dont nul poussin ne sortira vivant, aux baraquements d'Auschwitz. D'autant que la fermière, contrairement au roi de la volaille, ne pourra plus se réjouir du caquetage des poules dont elle va ramasser les œufs. Elle n'a plus que trois pondeuses, dont le faible rendement permet à peine de subsister. Et puis l'artisanat est dépassé. L'étable d'autrefois est remplacée par des élevages où les vaches — on se demande d'ailleurs pourquoi puisqu'elles n'iront jamais aux champs — ont encore des sabots et des pattes.

Freud aurait pu intervenir, ramener le nazisme et ses produits dérivés au niveau du dérèglement, mais l'action de ses disciples se cantonna au réconfort des survivants, tortionnaires y compris. Si bien que les bourreaux purent à loisir perfectionner leurs façons de procéder.

Pour maintenir tranquilles ceux qui sont au chômage, pour mettre de leur côté ceux qui triment, ils ont à leur disposition, en plus de la vidéosurveillance, le lois qu'ils ont eux-mêmes rédigées avant que leurs gens ne les votent. C'est la raison pour laquelle, dans le but de sécuriser les échanges financiers, par la même occasion de lutter contre ce qu'ils appellent le terrorisme, ils regroupent les nations sous des bannières à la fois guerrières et économiques (ce dernier cas lorsqu'il s'agit, par exemple, de contraindre un gouvernement à protéger un gazoduc ne lui apportant que soucis). Ils se sont entre temps mis d'accord sur leurs objectifs, et nous pouvons parier qu'au moindre pet de travers se déclenchera le conflit général chargé de régler les problèmes de chômage dans les pays riches, de surexploitation dans les autres. Et le plus remarquable est que le nouvel holocauste ne nécessitera aucune intervention terrestre. Par le moyen de drones, de robots, de rayons laser et de bourrage de crâne, il se jouera depuis la stratosphère, par logiciels interposés.

Quant aux banquiers, donneurs d'ordre et mercenaires, qu'ils dorment sur leurs deux oreilles. Comme à l'époque de l'huile bouillante et du plomb fondu, ils se sont ménagé des abris d'où ils ressortiront sitôt le calme revenu.

C'est du moins ce qu'ils espèrent.

25 - Horreur

*« Nous vivons au sein d'un leurre magistral, d'un monde disparu que des politiques artificielles prétendent perpétuer. Nos conceptions du travail et par là du chômage, autour desquels la politique se joue ou prétend se jouer, n'ont plus de substance : des millions de vies sont ravagées, des destins sont anéantis par cet anachronisme. L'imposture générale continue d'imposer les systèmes d'une société périmée, afin que passe inaperçue une nouvelle forme de civilisation où seul un faible pourcentage de la population trouvera une fonction. L'extinction du travail passe pour une simple éclipse alors que, pour la première fois dans l'Histoire, l'ensemble des êtres humains est de moins en moins nécessaire au petit nombre qui façonne l'économie et détient le pouvoir. Nous découvrons qu'au-delà de l'exploitation des hommes il y a pire, et que, devant le fait de n'être plus même exploitable, la foule des humains tenus pour superflus peut trembler, et chaque homme dans cette foule ». **

*Viviane Forester, *L'horreur économique*, quatrième de couverture.

2 janvier 2009

26 - Marianne

Non content d'être passé devant le Front National, d'avoir fait boire le bouillon à la gauche, Nicolas Sarkozy s'attaque à présent à la casse de son propre parti et continue en toute inconscience, avec l'assentiment des tenants de l'Honneur-Famille-Patrie, du Travailler-plus-pour-gagner-plus-et-s'empiffrer — zieg Heil, zieg Heil, Maréchal-nous-voilà ! — de démolir la démocratie, de foutre en l'air la solidarité qui en est le fondement, de défigurer le visage de la France.

Aime-t-il seulement la République ? La Marianne qu'il nous a présentée avec l'assentiment de Mickey, puis qu'il a épousée, et dont le bas de laine (pardon, le bas de soie) vaut largement le sien, cette Carla transalpine que nous serions d'autant plus honorés d'accueillir qu'elle a une jolie voix et que son charme nous touche, eh bien cette Marianne-là, frères et sœurs attablés devant le Journal de 20 h, encore que cela nous fasse mal de le penser et de devoir le dire, n'est pas vraiment celle que nous attendions.

La nôtre, qui ensemence notre pays depuis les frontons de nos villages, qui le nourrit de son lait, de son blé et de sa constance, n'est ni une poupée de luxe, ni une fille de riche. C'est une haute figure qui symbolise la terre, le soleil et la vigne. C'est un principe que nous portons en nous, une vision fondatrice qu'aucun chefaillon de Foire du Trône, aussi vif et fringant fût-il, ne pourrait accaparer sans que nous brandissions nos fourches.

27 - 1984

Nous voici en Océania, continent que dirige d'une main de fer un Big Brother qui voit tout, entend tout et ne saurait s'égarer. Si bien que la moindre erreur de sa part est dûment corrigée, que des bataillons de scribes s'emploient en permanence à réécrire une Histoire à laquelle ils ne comprennent rien, et que quiconque met en doute la parole officielle est aussitôt arrêté, rééduqué, remis dans le circuit avant de disparaître.

Faire le lien entre la société décrite par Orwell et celle où nous nous apprêtons à vivre est d'autant plus aisé que Staline et Hitler n'ont eu de cesse de la rendre réelle. Et d'autant que leur totalitarisme, mis en sourdine par nos démocraties de carnaval, se voit remplacé par celui de l'argent, de la pensée unique et d'une forme de pénurie qui, accaparant l'esprit, interdit de s'interroger sur les objectifs de l'actuelle gouvernance. On peut de même songer que le système moderne de communication, qui permet de surveiller les déplacements de chacun et de connaître ses goûts, son budget, ses relations intimes et ses penchants sexuels, rapproche nos sociétés de celle des télécrans de 1984. La publicité ne s'y est d'ailleurs pas trompée, qui guette le citoyen dès sa venue au monde, le met en fiche et, le conservant en mémoire, rectifie ses données à mesure que le temps passe. Et allez-y pour les couches, puis les landaus climatisés avant d'en arriver à la voiture connectée, à la femme idéale, à la grand-mère sans rides.

Reste un espoir malgré tout. L'ordinateur dont on ne peut se passer, et qui permet de communiquer d'un coin de la terre à mille autres en même temps, est évidemment sur-veillé, ainsi que le confirment chaque jour les NSA, DCRI, FSB, MI6, Mossad et autres entreprises de suspicion. Il n'en demeure pas moins que nous pouvons échanger, fixer des rendez-vous, fraterniser alors que pendant ce temps, tandis que le terrorisme parvient à se glisser entre les mailles du filet qu'on lui tend, les spécialistes de la traque, quand bien même seraient-ils assistés par des intelligences artificielles, se voient assaillis par une foule de données qu'ils contrôlent au hasard, autrement dit par une masse d'information à faire capoter le Renseignement.

Le Big Brother mondial, essentiellement US, possède malgré tout une maîtrise qu'il ne lâchera jamais : celle de l'information, doublée du contrôle de l'éducation. On voit ainsi comment procède l'oligarchie pour informer dans le sens qui lui convient, façonner les esprits de manière à inculquer cet objectif unique : la jouissance matérielle, infiniment plus attrayante que la réflexion et, dans la mesure où l'individu surveillé est au courant des yeux et des oreilles en embuscade sous son écran, beaucoup moins dangereuse pour sa petite personne, et d'autant acceptée.

Mais cette forme de pouvoir, exercée sur chaque citoyen, en vérité sur l'être humain et sur la liberté qu'on lui accorde encore, ne durera que jusqu'à la prise en main de la société par la population elle-même.

Et Buster de nous l'assurer : la forme de gouvernement qu'il nous faut inventer ne risque pas de nous conduire à l'austérité, non plus qu'à l'accumulation. Elle nous mènera au contraire à notre épanouissement, à l'émancipation dont les "événements" de mai 68, avec cinquante ans d'avance, nous ont montré la direction.

28 - Danke, mein Führer

Le mouvement sioniste revendiquait la Palestine depuis le début du XXe siècle. Après l'horreur de la shoah, alors que la chrétienté avait abandonné les Juifs aux appétits de leurs bourreaux, les alliés ne purent qu'attribuer à leurs survivants la terre revendiquée, alors habitée par des gens qu'on préféra ne pas voir. Ainsi naquit Israël, qui dès le début se trouva en conflit avec les palestiniens d'origine, sommés de déguerpir.

Conflit qui n'en finira pas et qui, de jets de pierre en pluies d'obus, s'est enlisé dans une haine insurmontable entre nouveaux et anciens occupants, entre colonisateurs juifs et autochtones spoliés, de plus abandonnés par l'Occident (une spécialité chez lui) au bon vouloir de leur envahisseur.

Où se situer, devant une telle aberration ? Du côté du vainqueur, en but à la colère de l'insoumis, ou du côté du résistant, acharné quant à lui à retrouver la terre qu'on s'est accaparée ? Quand Buster rapproche l'enthousiasme généré par les kibboutz des années 60 du matraquage de Gaza, il a honte pour les juifs enchaînés au sionisme. Comme s'ils avaient oublié que nombre de Polonais, lors de l'assaut du ghetto Varsovie, assistaient à la fin de leur communauté en se servant à boire, ainsi qu'eux-mêmes le font devant le pilonnage du peuple dominé.

Que les Israéliens aient le privilège de vivre en paix, admettons. Encore qu'on soit en droit de se demander de quelle manière ils peuvent se prélasser dans leurs piscines tandis que ceux dont ils ne veulent rien savoir vont chercher l'eau à pied. Mais qu'ils profitent de la moindre remise en question de leur autorité pour faire main-basse sur des milliers d'hectares, l'affaire devient gênante. Pas pour Ehud Olmert évidemment, sorti quant à lui de la cuisse de Yahvé. Aux yeux de ce joyeux drille, les palestiniens n'ont pas plus d'importance que des poux. Et puisque ces poux ne cessent de le chatouiller de leurs rockets, pourquoi, comme on le pratiqua derrière les barbelés d'Auschwitz, ne pas s'arroger le droit de les éliminer, et d'éliminer leurs femelles, et d'écraser leur descendance, de saccager leurs existences de larves. Et pourquoi, dans la foulée, ne pas tirer à balles réelles dans les genoux de leurs frères venus les soutenir. Un pruneau bien placé et hop ! en fauteuil à roulettes jusqu'à la fin de ses jours, la saloperie de crouille.

Mais Buster s'aperçoit qu'il s'égare : ce ne sont pas les survivants des camps de la mort qui sévissent à Gaza. Ce sont leurs généraux et leurs rabbins, leur canaille de premier ministre, élite corrompue d'un peuple paraît-il élu.

En nous demandant de quels restes devront se contenter les Palestiniens pour peu qu'ils retrouvent une partie de leur pays, ne nous étonnons pas de leur révolte. Reniant non seulement la morale mais aussi les traités internationaux, Israël les emprisonne derrière des murs qui devraient lui en rappeler d'autres, lesquels servirent de paravent, voici quelque soixante-dix ans, à l'éradication de leurs frères raflés dans toute l'Europe.

Quelle dégénérescence, après l'expérience des kibboutz. Et quelle tristesse de voir se dégrader l'image d'une nation qui aurait pu se parer du beau visage de l'être humain.

La shoah devenue le fond de commerce du sionisme, Ehud et Benyamin devraient en remercier Adolf.

29 - Petite fille

Jamais ne souffrira de la faim ni du froid, ni de la guerre, la petite fille illuminée de vie, la fillette insouciante s'en allant à l'école en sautant à cloche-pied,

Mais imaginons-là du côté de Varsovie voici soixante-dix ans… Son ascension vers le bonheur se serait heurtée à une falaise de haine, ses rêves auraient viré cauchemar. Et si elle avait échappé aux rafles, si elle avait été sauvée par quelque voisine effarée, dans quel état aurait-elle abordé la saison des amours ?

Imaginons maintenant qu'elle ait grandi dans l'enfer de Gaza, qu'elle soit en cette heure dans le fracas des bombes, enfouie sous des gravats…

Notre conscience évolue. Nous savons à présent que le bien et le mal coexistent en chacun — pas à égalité sans doute, le mal possédant sur le bien l'avantage de la force, de la névrose et du détournement, mais là n'est pas le plus important. Tout être humain normalement constitué — à condition de n'avoir pas été dès le berceau la proie de l'abjection — détient la faculté de choisir.

De choisir le bien ou de choisir le mal, ou de rester à distance de l'un et de l'autre… Pas facile cependant, car l'argent entre en jeu. Et l'argent, pervertisseur des idéaux de l'homme, a tôt fait de changer un être humain en prédateur, une empathie naturelle en indifférente devant les larmes d'une enfant.

Il nous faudra muer si nous souhaitons demeurer de ce monde. Nous élever vers un avenir digne de nos espérances, transformer en jardins nos sociétés de brutes. Et, d'abord, soigner notre planète avant qu'elle ne nous broie.

Qu'en pensera la fillette batifolant sur le chemin de son avenir, quand elle aura grandi ?

30 – Misérables

Uniques en leur genre, hommes et fourmis font un usage délibéré de la violence.

Vous allez dire : les fourmis n'ont de conscience que collective (une guerrière isolée s'avoue en perdition) tandis que l'être humain peut agir de son propre chef, ou dans le cadre d'un groupe, d'une tribu ou d'une nation. À son gré, chacun peut décider seul, participer à la décision commune ou s'en remettre aux autres. Dans ce dernier cas, semblable à la fourmi, il oubliera sa personne pour devenir ce qu'on voulait qu'il soit.

Pas étonnant que des unités de la Wehrmacht, de même certains combattants de la guerre d'Algérie, pour ne prendre que ces exemples, aient pu exterminer des hommes, des femmes et des enfants alors qu'eux-mêmes avaient femmes, enfants et fratries. À partir du moment où il saisit son arme, le gars en uniforme, soumis à une volonté supérieure, n'a plus rien de commun avec le citoyen qu'il fut. Il n'est qu'obéissance au maître, animal que l'on punit ou récompense, pion qu'on déplace à sa guise.

Pour une République représentée dans les tranchées de Verdun par le glorieux général Nivelle, sa vie importe aussi peu que celle de milliers de jeunes paysans sacrifiés par bêtise sur les champs de bataille. Pas étonnant que le soldat israélien qui sévit à Gaza soit si jeune, et si jeune le G.I. envoyé en Irak : on les recrute avant que la vie ne leur ait permis de se connaître et de juger de leurs actes.

Et qu'ont-ils face à eux ? Des terroristes leur dit-on, en vérités des pères, des mères, des frères, des semblables.

Les mêmes pères, mères, frères et cousins agitant des mouchoirs depuis le quai de la gare, tandis que s'éloignait le train vers une boucherie qu'on ne soupçonnait pas.

Que faire de ces hautains personnages crachant ainsi sur leur jeunesse ?

31 – À une amie blogueuse

Dans le différend israélo-palestinien, chère Kloelle, les responsabilités de l'Occident sont énormes. De quel droit a-t-on pu concéder aux survivants d'un peuple décimé une terre appartenant à d'autres ? C'est la raison pour laquelle Foster Dulles, le secrétaire d'État américain, s'était opposé à l'époque à la constitution de l'État juif. Nul ne l'a écouté.

Maintenant, alors que ni le gouvernement israélien, ni le Hamas, pour des raisons d'autorité d'un côté et de fierté de l'autre, assurément de pétrole des deux côtés, ne veulent s'asseoir et se parler, comment résoudre le problème ? Ce serait à la communauté internationale de frapper du poing, mais lorsqu'on voit ce que cache le mot "communauté", on ne peut que s'interroger. Et lorsqu'on sait que la famille Bush doit sa fortune à l'aide apportée à Hitler… et que les Bush ne sont pas les seuls à s'être sali (pareillement les Ford, IBM et bien d'autres)… et qu'on apprend que des centaines de juifs se sont embrigadés dans la S.S… on ne peut que haïr la bêtise et le pouvoir.

Ainsi les Israéliens, forts d'une promesse divine et fiers de leur armée soutenue par Yahvé, lâchent leurs chars dans des territoires qu'ils estiment leur appartenir, détruisent les ambulances qui paraît-il les canardent, nettoient au canon les écoles maternelles et les hôpitaux, comme chacun sait repères du terrorisme. Pendant ce temps nos chers gouvernements rechignent à s'impliquer, refusent d'en appeler aux règles internationales qu'ils ont eux-mêmes votées. Mais là, rien que de très normal : ils en profitent pour vendre leurs canons, en rôder de nouveaux, tester des manières inédites d'écraser les contestations menaçant leur pouvoir. Quant au problème judéo-palestinien, ils le conservent sous le coude plutôt que de le résoudre, le gardent au chaud pour le prochain conflit, qu'ils provoqueront le jour où leur manquera l'inspiration nécessaire au mensonge.

32 - Argent, pouvoir et virilité

Hésiterons-nous longtemps à dépasser les rengaines que nous radotons depuis deux siècles ? Alors que nous n'avons de cesse de porter au pouvoir des gens qui ne peuvent accepter la moindre élévation de leur niveau de conscience, laquelle les confronterait à leur vide intérieur, un renouvellement s'impose. Nous dirons même qu'un sérieux coup de balai ferait le plus grand bien.

Imaginons les Lagardère, les Bouygues et autres barons frappant aux portes de l'ANPE… On comprend aussitôt que nul dirigeant ne veuille échanger son trône, aussi glissant, aussi inconfortable soit-il pour qui voudrait à la fois le beurre et l'argent du beurre, contre une quelconque idée d'évolution. Dans l'esprit éclairé de cette élite, l'argent représente le grain que livrait au sillon le paysan d'antan ; ou encore, pour peu que ces importants chaussent les binocles freudiennes pour passer des époques agricoles à l'ère de la finance, l'équivalent de la puissance mâle chez le peuple des gorilles, celle qui permet au plus fort, au plus âpre, au plus madré de s'approprier les femelles de son clan. *L'argent*, en vient donc à coucher Buster dans un cahier frappé du sceau de l'éternité, *serait l'équivalent du foutre*. Et le voici imaginant Sarko privé d'argent liquide (en vérité de liquide séminal), et cherchant à le dissimuler à son ami Kadhafi. La honte ! Enfin la honte pour lui parce que de notre côté ce serait plutôt la rigolade, celle que le marketing, le sponsoring et le coaching n'ont réussi à enterrer.

Cependant, nous ne sommes par ici pour nous tenir les côtes. Nous sommes au chevet de notre espèce pour la remettre sur pied, ou mieux encore accoucher d'elle.

Première urgence, n'en déplaise à Lagarde et Strauss-Kahn, chasser le dieu pognon. Se garder cependant de brûler ses billets, on en aura besoin pour bâtir un système où les humains, tels Romulus et Remus, seront assurés jusqu'à leur mort du gîte et du couvert.

33 – Règlement des conflits

L'homme est le rêve de l'animal, un rêve encore inachevé. En disant cela, les Indiens Cherokees pensaient que l'évolution vers la suprématie de l'esprit s'effectuerait sans heurt dans le glissement des siècles. Mais voilà que dans leurs prairies a débarqué le blanc, le yankee, dont l'idéal trouva son expression dans le massacre des bisons. Il aura donc suffi d'une intrusion de la brutalité pour jeter bas des siècles de confiance en les capacités de l'Homme à vivre en harmonie avec lui-même, le vent et les chevaux.

On ne voit plus ni bisons ni Peaux-Rouges dans les plaines d'Amérique, juste des villes tentaculaires, des machines à extraire et broyer, des bovins engraissés de farines tirées de leurs carcasses. Le lucre et la stupidité ont dévasté le reste.

Comme la majorité de nos semblables, nous aimons la caresse de l'air, la musique du silence, la senteur de l'herbe fauchée. Et comme nos frères indiens nous cherchons une voie menant à notre humanité.

Mais peut-on évoluer lorsqu'on fuit son passé, peut-on prendre la bonne direction lorsque, refusant de considérer ses erreurs, on fait en sorte de les reproduire ? Si on se ferme au dialogue, si on refuse d'aborder ce qui fâche, on tourne en rond comme un âne de meunier dans la prison de son moulin.

L'absence d'humanité dans laquelle nous baignons reflète les maux intimes dont nous ne viendrons jamais à bout tant que nous les fuirons. Notre boulimie nous aveugle, nos faux besoins nous étouffent. Nous voici condamnés à faire sans fin les mêmes bourdes, à délirer dans une cage n'offrant d'autre issue que le divan de Freud — si du moins nous avons le courage de nous remettre en question. Dans le cas contraire, nous guettent la folie ou la mort.

C'est en prenant conscience de nos erreurs, écrit Buster au souvenir de son adolescence pourrie, que nous mettrons le doigt sur nos dysfonctionnements. Et c'est en en déterminant les causes, en démontant la mécanique nous tenant lieu de raison que nous échapperons à nos caricatures, que nous quitterons le guignol dans lequel, harassés, nous ne jouons même plus.

Et de poursuivre : Si cette manière de voir tient la route, si elle s'applique à l'individu comme au groupe, nous finirons par passer de la meurtrière de l'ignorance aux balcons du savoir, de l'étroitesse de nos pensées à l'infini de la conscience cosmique.

Il en était là, vibrant d'inspiration, lorsque lui parvint de France Inter cette question d'auditeur :

En cas de conflit, ne vaudrait-il pas mieux faire appel à des thérapeutes plutôt qu'à des politiciens ?

21 janvier 2009
34 - Thérapie au sommet

Étaient présents : Merkel Angela, Thatcher Margaret, Berlusconi Silvio, de Nagy-Bocsa-Sarközy, Zapatero José-Louis, Poutine Vladimir, et bien sûr Bush W, magnifique dans sa panoplie d'aviateur. En sus, sous les portraits encadrés de Freud, de Jung, de Lacan, du dalaï-lama et de Jésus, un Buster échevelé, revenu en montgolfière du centre hospitalier de la Grande Ourse, d'où il venait de s'échapper. Aussi pas de temps à perdre, et le voici qui invite son petit monde à se poser les fesses, les gars en position de lotus, les femmes en posture de sirènes, lui seul bénéficiant d'un coussin rembourré. Et si chacun a quitté ses chaussures mais conservé son pantalon, il est quant à lui, en plus du thym lui sortant des oreilles, des coquelicots lui fleurissant du pif et du laurier le couronnant, vêtu d'un pagne de thérapeute, et détenteur du bâton de prophétie.

Sitôt les présentations effectuées, chaque chef d'Etat, ou plutôt chaque patient, après avoir déposé le montant de son inscription entre les mains de Christine, poule aux yeux d'or chargée de la finance... — il ne sait plus où il en est mais il s'en fiche, le principal s'écrit en lettres d'or dans la fraternité, dans la confiance que met chacun en une même confiance de tous.

Pour l'instant, à propos d'on ne sait quoi, submergée du désir de vengeance qui lui squatte le bonnet, Merkel mime à coups de poing, sur un sac d'entraînement, la beigne dont elle aimerait gratifier Nicolas (*"eine tragishe Marionette"* peste-t-elle) si ce nabot lui renouvelle le moindre geste prêtant à confusion. Et quand l'incriminé, tremblant de rage, prend à témoin Silvio des vacheries de la vieille peau, ni une ni deux, le beau rital se précipite. Se précipite dans le mur, plus exactement dans celui du Kremlin, sans pourtant le démolir : un Vladimir d'acier vient en effet de se dresser au sommet de la gloire, si bien que le *Cavaliere*, désarçonné, s'abîme en paranoïa génératrice d'une splendide érection. Au point que le voici quelques minutes plus tard bavant dans le giron d'une mère Thatcher qui oublie sa réserve et voit se préciser, dans son mental de porc-épic, une délicate partouze qui fait se diriger sa main vers la braguette de Sua Eminenza, en tirer en fin de compte un radis pitoyable. Et W d'en ricaner, ce qui déplaît tant à Jose Luis qu'à Nicolas car ce dernier, soutenu par ce premier, d'armer son obusier et de tirer à boulets rouges : si ses centuries se sont ridiculisées en Irak, c'est que l'oncle Sam a préféré ferrailler contre le vent plutôt que de flinguer son père comme nous l'avons fait, nous autres gaulois, avec notre souverain fin de race, lequel avait malgré tout dépêché Lafayette au secours de l'Oncle Sam dans la guerre sans merci que lui avait déclarée Albion. Alors qu'on lui lâche les baskets ! Quant au foutu Olmert, qu'il la boucle en vitesse, sinon le TPI se parachutait dans sa foutue Knesset, avec mandats de dépôt pour lui-même et tes potes, etc., cela jusqu'à plus soif. Buster pendant ce temps d'aligner des bâtons dans les colonnes de son rapport, puis d'y adjoindre des croix.

À la fin, si ça chougnait encore après que tout avait été craché, vomi, parfois éjaculé, si un déboussolé continuait de s'épancher dans le giron d'une meuf décoiffée, une paumée de s'abîmer sur un torse velu, la haine trop longtemps refoulée tombait en même temps que l'énergie déployées par chacun pour niquer son semblable.

Et tous de regagner leur chambrée, certains par deux afin de mieux se connaître, d'autres par trois en vue d'on ne sait quoi, mais tous laissant Buster et Christine face-à-face, charge à eux de compter leur pognon.

Seule chose à chagriner le sage : la tronche de sa comptable. Parce que Christine, ce n'est pas qu'il la trouvait trop moche ou trop vieille, ou trop sèche, mais il aurait de loin préféré la petite Rama Yade, si provocante avec sa peau d'ébène, ses lèvres écarlates, son regard à vous faire chavirer.

35 - Week-end à gauche

Samedi

Visionnage, par Buster et son fils Raphaël, directeur de production dans un média TV, d'un reportage inédit, *Torture made in USA*. Sujet : à partir d'une série d'interviews, déterminer si les mauvais traitements pratiqués à Abou Ghraïb et Guantanamo furent l'œuvre de tortionnaires agissant à leur compte, ou s'ils étaient ordonnés en haut lieu. Comme de juste, lors de leur mise à la une des médias, l'armée américaine avait poussé les hauts cris : aucun de ses gradés ne trempait dans l'affaire.

Comme de juste, l'enquête révèle le contraire.

Une : les généraux américains l'étaient.

Deux : l'instauration de ces pratiques fut décidée par W Bush, Dick Cheney et Donald Rumsfeld. Lequel, pas gêné pour un sou, avait juré que jamais il n'avait donné de tels ordres, ni même imaginé de telles horreurs... Et nous d'apprendre alors que 1600 juristes s'étaient acharnés, sous son autorité, à bidouiller la législation US de manière que le supplice de la baignoire, pratiqué dans de l'eau soit glacée soit brûlante, ne pût passer pour illégal...

La première démocratie du monde dissimulerait-elle un États voyou ?

Dimanche

Cinéma : *Valse avec Bachir*, dessin animé israélo-franco-allemand portant sur les implications diverses dans les massacres de Sabra et Chatila. On y découvre de quelle manière les milices chrétiennes libanaises, avec la complicité des troupes israéliennes, avaient exécuté, en trente-six heures environ, entre 700 et 3500 personnes dans les deux camps de réfugiés palestiniens. Pendant que les milices y allaient au couteau, Tsahal bouclait la scène au moyen de ses chars. Ses guetteurs pendant ce temps lançaient des fusées éclairantes depuis les terrasses des immeubles voisins de manière que les lames, loin de se perdre dans le gras, aillent à l'essentiel. Quant à Ariel Sharon, il aurait supervisé la manœuvre.

Qui se ressemble s'assemblerait, mais ce n'est là qu'une hypothèse.

Lundi matin

Réveil au son de France Inter : un correspondant rapporte de quelle manière, entre autres réjouissances, se sont conduits à Gaza certains éléments de Tsahal : un terroriste et son fils de six ans, tous deux en tenue banalisée, paraissent au seuil de leur maison. Une rafale, adieu le bicot et son môme. La mère surgit sur ces entrefaites, seconde rafale, adieu la bique. Et comme la casemate, de toute évidence, est un repaire de djihadistes, on lâche les chars. Trois obus, plus de maison, 66 morts.

Etrange. Dans le dessin animé israélo-gaucho, on faisait allusion au nazisme. On montrait même, comme il en fut à Varsovie à la fin de l'insurrection, un maigre gosse en culote courte, les bras levés devant ses assassins.

Malgré les fleurs dont la couronne sa propagande, Tsahal vaudrait-elle la Wehrmacht.

Lundi midi

Rendez-vous avec Sandrine, institutrice de classe unique, école des Ouistitis, à Villeneuve-les-Genêts. À l'opposé des boucheries que nous dévoile l'actualité, la salle de classe ressemble à l'oasis d'une table familiale. Crayons de couleur, feuilles de papier à dessin, mobiles suspendus au plafond. Et tout autour des Mac de tout modèle et de toute taille, acquis grâce à l'argent récolté lors de la mise aux enchères de magnifiques dessins d'élèves, visibles sur le *net*.

Lundi soir

Réconcilié avec le monde, Buster adhère au Parti de Gauche.

26 janvier 2009
36 - Dans le costume de Bonaparte

Le plus plaisant, dans les relations France-USA, c'est la réaction de Nicolas devant l'ascension de Barack.

Nicolas (1,60 m avec talonnettes), qui n'avait pas craint de se hisser sur une pile de bottins pour s'entretenir d'égal à égal avec son ancien ami W. (1,80 m en chaussettes), s'est empressé, en précisant que la France et les États-Unis allaient dorénavant, main dans la main, veiller à la santé du monde, de faire de même avec le nouveau Number One sous l'œil des caméras du monde entier.

Allez dire après ça... Mais revenons à nos moutons, et tentons de savoir ce qui va désormais se passer, non plus dans l'hexagone puisque notre Nagy-Bocsa, nous le pressentons, va continuer et même accélérer, sous le regard indifférent de la France, la démolition des services publics, mais de l'autre côté de l'Atlantique, là où s'est toujours appliquée la loi du plus féroce.

Eh bien soyons persuadés qu'Obama, même s'il ne réalise que le millième du rêve de Martin Luther King, va permettre aux Etats-Unis l'émergence d'un pouvoir moins obtus que celui de Bush. Et soyons persuadés qu'on va voir s'affronter en combat singulier, dans l'ensemble du monde, tant les forces du bien que forces du mal (W avait raison, encore qu'il ait tout inversé), en un mot le pouvoir du costaud face à la résistance du faible.

Et notre Nicolas, dans tout ça ?

Eh bien notre Président, pour demeurer à la une de Gala, va devenir à son tour un grand homme, un révolutionnaire, un Napoléon Bonaparte.

En plus de la silhouette, il en a toutes les compétences.

37 - Bonheur

À Limeil-Brévannes, ce samedi, réveil de la nation française ; celle qui se révolta contre l'obscurantisme, réclama une république sociale, finit par l'obtenir, puis se dressa contre la barbarie. Celle enfin que le consumérisme et la publicité ont entrepris d'étouffer, mais qui retrouve aujourd'hui ses esprits.

Cette France hier en déshérence est de nouveau debout, qui cesse de marcher seule : l'Allemagne et le Portugal brandissent des drapeaux identiques, et l'Amérique latine entreprend de secouer le même joug.

Enthousiasmé par ce premier congrès, Buster n'en rapportera cependant aucun des mots choisis dont se gargarise le militantisme. L'initiation qu'il reçut de l'infini, lorsqu'il était petit, forme avec son savoir une globalité n'ayant que faire du détail. Ainsi, confronté à la problématique de l'argent, il n'y va pas par quatre chemins. Un coup de pied dans la Banque suffit à envoyer les dettes au diable, ne reste qu'à remplacer par l'arbre de la Liberté les tapis verts ddu casino ; s'écroulent alors les murs, se comblent les fossés. En revanche ce qu'il nous avouera sans se faire prier, c'est qu'il a retrouvé dans le rouge des drapeaux la quintessence de la fraternité dont il rêvait au cours de son enfance

Jamais il n'oubliera le syndicaliste allemand affirmant que la France n'avait besoin d'autre programme que celui qu'elle s'était gravé au fronton de ses mairies. Non plus qu'il n'oubliera le discours de clôture, ni les applaudissements ne parvenant à l'interrompre. Ce n'était plus un tribun qui s'adressait à l'assemblée, mais c'était l'espérance retrouvée, la belle santé de Marianne qui s'exprimaient à travers lui.

À la fin, il s'est tourné vers son voisin, un vieux bonhomme qu'emportait l'émotion, un camarade revenu à ses sources après une traversée interminable du désert.

10 février 2009…
38

« Raphaël… » Elle criait son angoisse, pleurait qu'il était à la gare, qu'elle entendait des trains, s'embrouillait dans les heures, téléphonait du bout du monde comme on appelle à l'aide…

— La police, contacte la police !

Il était vingt-deux heures, rien d'autre à faire qu'attendre le second appel, attendre l'inimaginable, la décapitation…

Il avait pourtant la voix claire ce matin… pourtant se trouvait toujours chez lui à midi passé… n'était donc pas à son travail… Et maintenant la nuit, trains aux wagons hurlants, épouvantables gares aux courants d'air glacés.

Voix claire… n'était pas au travail, des affaires à régler avait-il prétendu, mais ne pas s'inquiéter, viendrait pour le week-end.

Attendre, le combiné à portée de main. Attendre qu'elle rappelle, attendre dans un silence noir.

Pourquoi,
pourquoi cet appel de la mort,
pourquoi n'avoir rien dit,
bon sang,
pourquoi ?

Il était une heure du matin lorsque retentit la sonnerie, qu'enfin l'attente fut balayée par les balbutiements d'un type épouvanté qui ne trouvait ses mots.

39

De quel mal souffrait-il, lui toujours si souriant et si calme, si beau et si serviable, si fier sur sa moto ? En même temps si peu communicatif, si secret qu'on l'aurait soupçonné de dissimulation...

Dans la nuit de l'autoroute, les yeux fixés sur ce qu'ils ne parvenaient à réaliser, ses parents roulaient à tombeau ouvert.

On leur a refusé de voir le corps, en charpie paraît-il, mais ce n'était pas le cas. Ils l'apprirent dans l'après-midi au commissariat de Saint-Denis, de la bouche du brigadier chargé de l'enquête. Il avait attendu l'arrivée du train, avait ouvert les bras en se jetant sur la motrice, mais avait échappé à la cisaille des roues. Tombé entre le muret du quai et les boggies, il avait réussi à parler au pompier venu lui porter secours, lui avait dit qu'il avait mal.

On a reculé le train, on l'a porté vers l'ambulance.

Il est décédé une demi-heure plus tard, à son arrivée aux urgences de l'hôpital Lariboisière.

Et c'est plus tard qu'on s'est rendu à l'évidence :

Raphaël, trente-neuf ans à jamais. Trente-neuf ans pour toujours.

40

25 février, père Lachaise

Raphaël est mort… Ces mots, prononcés à l'intention de ceux qui t'aimaient, ces mots invraisemblables ne pouvaient que buter sur les lèvres, sur le silence de l'incompréhension. Il était nécessaire de se les répéter, Raphaël, et de les répéter pour celui-là, et de les répéter pour la suivante et le suivant, et de les répéter trois fois, dix fois, vingt fois, sans que leur signification parvînt à éveiller d'écho.

Ces mots imprononçables, *Raphaël est mort*, ont ainsi roulé en chacun comme une invraisemblance, un ricanement immonde, le hurlement d'un train dans les ténèbres d'une contrée que nul ne veut connaître. Personne n'a pu juxtaposer la joie de vivre que nous te connaissions, ton beau sourire, la luminosité de ton bonheur apparent à ce cinglant rappel à une réalité que nul n'avait envisagée, à cette gifle qui nous crucifiait : *Raphaël est mort.*

Tu nous as quittés, Raphaël, presque volontairement, dans un moment de déraison, un moment de détresse, un appel au secours si secret que nul n'a su l'entendre. Ni ta mère, ni ton père, ni ta compagne, qui pleure en compagnie de ta sœur, de ton frère, de ceux dont tu as traversé la vie.

Tu es parti, Raphaël, et le monde s'est groupé autour de ta place vide. Tu es parti, et tes frères et tes sœurs s'efforcent en vain de retenir leurs larmes. Mais les larmes tarissent, les larmes s'évaporent avec le temps, tes frères et tes sœurs te pardonnent, tes frères et tes sœurs, délicatement, te serrent entre leurs bras.

Va, Raphaël. Va où tu dois aller. Va notre enfant, notre ami, notre amour. Va sur le fleuve du temps, là où nous irons tous.

Nous t'embrassons une dernière fois, Raphaël, et nous fermons les yeux pour te voir t'éloigner dans la pulvérulence des cendres.

Pardonne-nous notre émotion.
Pardonne-nous notre chagrin.

1er mars 2009
41 - Oiseau de passage

Qui t'aurait cru si fragile, toi qui disais que se regarder ne t'intéressait pas, prenais l'instant comme il venait, le traversait en souriant.

Le plus beau souvenir que tu aies laissé à ton père date d'avant ce blog, d'avant l'ordinateur que tu lui offris, lorsque vous travailliez de concert à la réfection du deux-pièces que tu venais d'acheter. Vous partiez de Levallois le matin, traversiez Paris à moto et reveniez le soir sans la moindre anicroche. Au point qu'il se demandait, lui qui n'a pas réussi grand chose, par quel miracle il avait engendré un fils aussi brillant, aussi équilibré. Ta lumière attirait, nombre de jolies femmes étaient autour de ton cercueil ce mercredi des cendres. Des blondes, des brunes, des africaines dont certaines retenaient leurs larmes, d'autres n'y parvenant… Toutes bouleversées, toutes privées de ta présence, de ta voix, de la chaleur de ton sourire… Ton père, qui avait cru que tu le considérais de haut, découvrait dans ce qu'elles lui confiaient que c'était le contraire.

Mais pourquoi, pourquoi ce claquement de porte ?

D'où tenais-tu cette incapacité de te défaire de ton armure, de te dévoiler ne serait-ce que d'un fil, d'accepter le bonheur qu'elles t'offraient ? Pour elles tu fus un homme brillant, délicat, protecteur. Et de surcroît un bel amour, on le devinait à leur chagrin.

Mais pourquoi, pourquoi n'auras-tu été dans leur ciel, dans celui de tes parents, de même dans celui de cette jeune marocaine avec laquelle tu t'en fus à Venise voici moins de deux mois, qu'un oiseau de passage… ?

Laissons couler le temps, laissons s'évaporer la brume obscurcissant l'éclat d'une mer Égée que tu aimais par-dessus tout.

42 - Le pire

Au fil des jours se précise le déclin du système construit sur l'accumulation (en vérité sur le pillage), et chacun de sentir que la rapacité, l'égoïsme et la cupidité mènent le monde à l'abîme. Mais la signification du mot abîme est imprécise, et nul ne peut déterminer vers quel dépotoir nous glissons. Aux yeux des plus patients, dans les esprits des plus éloignés de la politique, il devient cependant évident que le système en lequel nous nous enfermons représente un danger. Impasse du capitalisme, impasse du productivisme, notre civilisation atteint aujourd'hui ses limites.

Moment charnière de l'histoire humaine.

Nationalisations, planification écologique, ces concepts ont cessé de choquer, un grand chambardement s'engage. Dépoussiérant ce qu'on croyait des illusions, on se prend à réfléchir, à chercher une issue autre que personnelle. Conscients de l'état de notre planète, nous cherchons une manière moins stupide de consommer et de produire.

Les diplômés de Sciences Po devraient répondre à nos attentes mais ne le peuvent, ils ont été formés pour gérer l'existant, à la rigueur le diriger, non pour le modifier. Si bien que nombre de citoyens commencent à le réaliser : au plus fort des craquements d'une civilisation à l'agonie, la solution se situe dans le peuple, dans son intelligence, dans l'instinct qui le fait se rassembler, chercher des solutions, s'opposer à l'inconsistance.

Les temps à venir seront ceux de l'audace, du courage, de l'imagination.

Le pire, comme le pense Evo Morales, ne serait pas que le capitalisme s'effondre. Le pire serait que le socialisme du vingt-et-unième soit incapable de le remplacer.

43 - Trahison

Premier motif de grogne : que certains ne créent de richesses que pour leur seule jouissance et celle de leurs danseuses, parfois de leur chanteuse, comme s'y emploie un excité nous tenant lieu de monarque.

Second motif : le peuple qui sème, récolte et engrange à la sueur de son front s'abîme dans une résignation dont nul n'a mesuré l'ampleur, non plus que le danger, et dont personne ne devine de quelle manière sortir. Buster en est malade. C'est à ses yeux la pitoyable victoire de la matière sur l'esprit, le résultat du lavage de cerveau permis par la voracité de quelques uns et la futilité des autres. Enterré, le bon sens. Gommée, l'idée que l'accablement actuel pourrait ne pas provenir de la crise mais de la volonté de réduire à néant, au profit de la finance, un siècle de luttes et de progrès humain !

Troisième motif: celui de voir la gauche, celle qui depuis toujours prétend défendre la justice, se diviser sur des points de détail.

Se diviser, par exemple, sur le fait de constituer un front commun, comme le souhaite certain facteur apprécié des médias, puis de l'armer en vue des prochaines élections, puis de le renforcer jusqu'aux présidentielles.

Or, voici que notre postier à l'argumentation béton vient de dire non au Front de Gauche, non à l'espoir mis par ses propres militants dans un mouvement qui puisse unir le peuple.

Alors cette question : au profit de quelle cause dépassée, de quels zombies entrevus dans son rétroviseur le facteur pédale-t-il ?

44 - Manquent les flingues

G 20 de Londres. Non seulement y fut mise au point la meilleure façon de sauver la planète — entendez la finance —, mais notre Sarkozy s'y est affiché en compagnie de sa nouvelle idole, Barack Obama.

Cependant, d'après les images du 20 heures et les vidéos d'internet, ce G 20 évoquait plus une réunion de malfrats qu'une concertation de responsables. Étaient réunis là tout ce que la planète compte de perversion, d'égoïsme, de cupidité, de personnages arborant des sourires de gangsters. De plus, les montagnes de dollars qu'ils tiraient de leurs manches, donnaient à humer, sans que le moindre billet pût voltiger vers quelque main calleuse, évoquaient pot-de-vin, la rétro-commission et le lucre. À ce tableau des élégances et de la francise ne manquait que la pièce montée dont le sommet se soulèverait pour qu'apparaisse, maniée par un homme de main, la sulfateuse de la justice.

Quoi qu'il en soit, des mesures salvatrices ont été prises à l'unanimité. Celle, par exemple, de ramener à moins de 2% la rémunération de certaines économies, ou celle de demander aux retraités de mettre la main à la poche pour que l'État soit en mesure de secourir les banques, de leur verser des primes, de graisser la machine à billets. À noter que ses machinistes (les créateurs de la machine à grossir les revenus) en profitaient pour s'octroyer des salaires à faire pâlir un prince, se servir le caviar à la louche (à ce propos, Buster à trouvé DSK, surpris la veille une main dans la culotte d'une stagiaire du FMI, décidément replet), et n'éprouvaient aucune honte à retourner leur veste. Ainsi Nicolas-le-Valeureux ne se cacha nullement quand il cira les bottes de son rival chinois, hier menacé de sanctions, aujourd'hui encensé.

Au fait, en quelle oubliette nous avait-il relégués, nous autres "pauvres cons", ce magnifique G 20 ?

45 - Crédo d'un chef indien

« Je suis venu exprimer ici la manière de récupérer le Bien Vivre et la vision que nous avons de la Terre Mère, qui pour nous est la vie. Parce qu'il n'est pas possible que le modèle capitaliste transforme notre mère en vulgaire marchandise, nous voyons se rapprocher les mouvements indigènes et les mouvements sociaux, qui tous parient sur la même chose. Nous les accueillons pour rechercher, de concert avec eux, un équilibre dans le monde. Dans cette optique, voici 10 commandements qu'il nous faut respecter pour sauvegarder la Vie :

Un - Si nous souhaitons sauver la Terre et la Vie, nous devons mettre un terme à la suprématie du capital. Le changement climatique et les crises de toutes sortes ne sont pas de notre fait, mais de celui du capitalisme, système odieux par son développement sans fin.

Deux - Renonçons à la guerre. Si les empires y trouvent leur compte, les peuples n'y gagnent rien. N'y gagnent pas non plus les nations, uniquement les multinationales. Les milliards destinés à la guerre doivent être utilisés pour soigner la planète, blessée par les menées du capital.

Trois - À l'opposé de l'impérialisme et du colonialisme, bâtissons un monde où les relations s'orienteront vers la complémentarité, prendront en compte les dissemblances entre familles, pays, continents et cultures.

Quatre - L'eau, bien commun entretenant la vie, sera exclue des privatisations.

Cinq - Depuis 100 ans, nous pillons la réserve d'énergie accumulée par la Terre Mère au cours des millénaires. Efforçons-nous désormais de mettre un terme au gaspillage de cette richesse aussi bien que des autres. Contrairement à certains, qui n'ont pas honte de vouer des milliers d'hectares aux agro-carburants tandis que d'autres ont à peine de quoi se nourrir, efforçons-nous d'éradiquer la faim.

Six - Le capitalisme considère la Terre Mère comme une matière première. Or, quel est celui qui oserait privatiser sa mère et lui pomper son sang ? Organisons un mouvement mondial pour sa sauvegarde, rendons-lui son avenir, honorons-la de nos vies harmonieuses.

Sept - Le libre accès à l'eau, à la lumière, à l'éducation et à la santé sera considéré comme un droit.

Huit – Favorisons les productions locales, stimulons la souveraineté des communautés dans les limites permises par la santé et les ressources limitées de la Terre.

Neuf - Respectons nos diversités tout en vivant unis.

Dix - Enfin, sœurs et frères, dirigeons-nous vers un Bien Vivre basé sur l'expérience de nos communautés et leur respect de la terre. On parle beaucoup du socialisme. Encore faut-il l'améliorer et le lier à la Terre Mère.

Sœurs et frères, je suis à présent persuadé que vous assurerez le suivi des problèmes existants. Des problèmes, il y en aura toujours, et je peux vous confirmer que certains de nos semblables, qui ont asservi nos familles pendant la colonisation, qui ont continué sous la république et le libéralisme, et qui prospèrent depuis toujours dans le luxe, continueront de nous résister en refusant de partager ce qu'ils se sont appropriées. C'est une lutte historique que nous avons engagée contre eux. Nous devons la poursuivre.

Evo Morales, indien Aymara,
Président de la République de Bolivie.

46 - Crédo européen

Quand l'Europe veut, jette le président Sarkozy à la face de Marianne, *l'Europe peut.* L'Europe peut, évidemment, ça ne vaut pas le *Yes we can* de Barack Obama. Cependant, malgré le bégaiement qu'engendre le slogan de l'Élysée, avouons qu'il tient la route. D'autant qu'il exprime on ne peut mieux, dans son désir d'attirer le plus de voix possible, toute absence de vision.

Pourtant, il y a mieux.

Avec *le vote utile* du Parti Socialiste, là, frères et sœurs, amis et camarades, nous atteignons le grandiose. Du moins le grandiose du néant. Parce que la plupart des socialistes, empâtés depuis Mitterrand au point de ne plus pouvoir agir, ont tout à nous cacher de leur pratique de l'enfumage.

Mais bon, emboitons-leur le pas.

Puisque l'Europe peut, assurent les godillots de l'UMP, que l'Europe euh… peut, que l'Europeu peut, allons-y de même, droit dans le mur, avec le vote utile des godillots d'un socialisme à la ramasse, avec leur votitule, leur votetule, leur votipeuuh, voteupeut, voteupouettt !

Martine, François et Nicolas même finesse, même clair-voyance, même génie de la formule. Et même respect de l'électeur, de la Terre-Mère et du divin.

29 mai 2009
47 - Le pendre

Les jours se suivent, se ressemblent ou ne se ressemblent pas, c'est selon.

Hier, tournée électorale dans un village des environs de Sens. Rues étroites, et quasiment désertes en cette heure matinale, discours rebondissant sur les façades aux fenêtres desquelles, de temps à autre, apparaissait une tête. Puis discussion avec un vieux monsieur alerte, dont l'intelligence fut un baume… Sens à la suite et là, à part une sortie de lycée, impression de perdre son temps.

Aujourd'hui, Auxerre (40 000 habitants), itinéraire tracé à la va-vite.

D'abord le marché.

Camelots à gauche, rue principale en face, et allons-y pour le micro, et allons-y pour la distribution de tracts, et allons-y pour le dialogue avec les porteuses de cabas. Soleil généreux, brise agréable, sourires, clins d'œil, fraternité… Ensuite le centre-ville, et là ce fut comme au marché. À cette exception qu'un jeune homme, à peine parcouru le tract que lui avait remis une camarade, s'approche de la voiture et déclare à Buster :

« Sarkozy, pas la peine de lui filer un carton rouge.

— Ah bon, et que…?

— Faut le pendre, c'est tout. »

48 - Renouveau

Le bordel de son existence actuelle, à Buster, n'est pas aussi épouvantable que la gadoue en laquelle il pataugea voici quelques années. Pour rester simple, disons qu'il avait alors lâché le fil le reliant à lui-même, du moins au prosateur dont le talent devait éclairer les nations.

Car Buster, s'il se sent depuis quelque temps libéré de ses paranoïa, schizophrénie et autres distorsions de l'ego, se revendique l'égal de ses semblables, avec bien entendu la même vision de leur côté. Il n'en est pas encore là, hélas, mais se déclare prêt à confier à l'avenir la semence qu'il conserva durant sa longue adolescence. Et si la froidure se prolongea chez lui au-delà du raisonnable, si le gel faillit l'emporter par deux fois, il se tourne aujourd'hui vers les promesses de l'aube.

Au terme d'une longue période de gestation de soi, durant laquelle ses chimères se dressèrent contre le mauvais sort, il a fini par ébranler les murs de sa prison, crever la chrysalide en laquelle l'avait relégué l'inadéquation de son monde intérieur, luxuriant, à l'univers de malade en lequel on voulait qu'il se tînt. Mais basta ! Hier, au beau milieu d'une collation organisée au siège de son parti, collation au cours de laquelle fut abordée, entre deux tranches de pâté de foie et trois verres de Chablis, en plus de la question de l'écologie celle de l'aspiration des peuples au renouveau, il se crut de retour, au milieu de copains fraternels, dans le monde chaleureux de son enfance. De cette réunion en tout cas, et du buffet où s'engloutirent ses dernières inquiétudes, il est ressorti ragaillardi. Le printemps paraissait, le grain qu'il avait conservé allait enfin germer.

Ne lui restait qu'à dénicher le carré du semis, y déposer sa graine, souffler dessus et réunir ses camarades, pour l'occasion pardonnés, autour d'une moisson qui n'allait pas tarder.

49 - Vains combats

Fulmen, fabricant de batteries pour l'automobile, l'agriculture, l'aviation et la marine, autrement dit pour tout, est tombé voici quelques années sous la coupe d'une société américaine, Exide Technologies. Et dernièrement, pour des raisons de productivité, doublées du désir d'actionnaires d'amasser toujours plus, cette multinationale a décrété la fermeture de son usine de Saint-Florentin (89), pourtant génératrice de solides bénéfices. En conséquence, licenciement de 314 salariés. Cela pour fabriquer au Canada des batteries destinées aux voitures électriques — comme si Saint-Florentin ne pouvait s'en charger !

Le plus comique est qu'un repreneur s'était manifesté, qui s'engageait à conserver le personnel. Or, pour des raisons de stratégie (ledit repreneur risquant de lui faire de l'ombre), Exide a refusé de vendre.

Or, que prône le traité de Lisbonne, si ce n'est une concurrence libre et non faussée, somme toute chevaleresque. Eh bien de chevaleresquerie, de lisbonnerie et autres fadaises, tel le respect de la signature, Exide & C° s'en torche. Notre gouvernement de même.

Même sujet : une succursale d'Amora/Maille va fermer du côté d'Auxerre. Non en vertu d'un effondrement de ses ventes, mais pour la raison que son propriétaire, le groupe anglo-néerlandais UNILEVER, a besoin de liquide pour sa nouvelle campagne de pub. Alors adieu les inutiles, adieu les gars qui remplissaient les pots, adieu les bonnes femmes qui fermaient les couvercles.

À propos de scandale, connaissez-vous le Grand Marché Transatlantique ? Pas encore ? Alors écoutez Mélenchon. Pas sur la Une, évidemment, ni sur la Deux ou la Trois. Son discours indisposant le prince, il doit se contenter de la Télé de Gauche, à laquelle on accède via Google, moteur américain de recherche.

30 - Monsieur le Brigadier

Concernant l'infraction qu'il aurait commise sur la RD 955 (avis de contravention 20897459 daté du 15/08/2009), Buster, par vous accusé d'avoir mis en danger l'existence d'autrui, se permet d'exprimer ici mon désaccord total.

Cette accusation, à son sens, relève de la pure fantaisie. À moins que la cause n'en revînt à la trop forte chaleur, raison pour laquelle vous étiez en jeans et T-shirt pour chevaucher votre moto banalisée, une Kawasaki croit-il se souvenir.

Alors que des voitures venaient en sens inverse, il le reconnaît, mais que la configuration de la route (descente sur cinq cents mètres en ligne droite et remontée symétrique dans l'axe de son véhicule) lui offrait du trafic une vue synoptique, il a dépassé un 4X4 roulant à peine à 80. Vous avez vous-même reconnu, et cela lui a fait plaisir, que la manœuvre avait été correctement exécutée. Il se trouvait alors en pleine possession de soi, et dans un tel état de lucidité qu'il se souvient parfaitement de l'appel de phares d'un véhicule venant en sens inverse. Appel que vous interprétâtes comme une mise en danger (par lui) de la vie d'autrui (celle de l'automobiliste avertisseur), mais qu'il le considère quant à lui, après mûre réflexion, comme l'annonce fraternelle, de la part d'un citoyen complaisant, de policiers en faction quelque part en aval. Présence qui lui fut confirmée lorsque deux motards de la Gendarmerie Nationale, tombés du ciel en bottes et uniforme réglementaires, le dépassèrent et l'arraisonnèrent avant que vous ne paraissiez dans la tenue qu'on sait.

D'homme à homme, c'est donc votre parole contre la sienne. À ceci près que vous ne pouvez en aucune manière, avouez-le, prouver son infraction : il aurait fallu pour cela que vous vous trouvassiez derrière la voiture par vous jugée en posture de victime (ce qui lui semble faux) et que vous visionnassiez l'éclairement désespéré de ses stop. Or, puisque vous constaté son appel phares, vous reconnaissez implicitement vous être trouvé du côté opposé, c'est-à-dire face à elle, alors qu'elle se dirigeait vers vous.

Dans une démocratie digne de ce nom, le doute bénéficie à l'accusé, en bref à Buster dans le cas présent. Mais le verbalisé en fera d'autant moins un fromage qu'il vient d'envoyer un chèque de 90 € au Centre d'encaissement des amendes, à Rennes, et que sa présente protestation ne sera suivie d'aucune autre.

Perd-il trois points alors qu'il n'en a plus que deux ? Va-t-il se retrouver sans permis ?... Eh bien tant mieux, se réjouit-il. Un grand merci à vous, ainsi qu'à l'administration que vous représentez. Sans plus se stresser à l'idée de gendarmes vêtus en citoyen lambda pour mieux piéger le monde, il va ainsi pouvoir, comme nombre de Françaises et de Français pris dans le même filet, rouler en voiturette à 49 kilomètres/heure et mettre en rogne, sur la D 955 et autres voies de sa Bourgogne natale, une foultitude de conducteurs moins avisés que lui.

Recevez de sa part, monsieur le brigadier, un salut fraternel.

11 septembre 2009
51 - Dans le rêve des chevaux

Camargue, 15 heures. À l'ombre de leur abri une dizaine de chevaux assoupis, ainsi que le paraissent les paysages de ce pays d'ailleurs.

Un vent soyeux plie les roseaux, enveloppe toute chose de la chaleur des champs et des rizières, du parfum du vivant. Choc d'un sabot suivi de l'ouverture d'un œil sur un œil de pur-sang luisant sous sa crinière, pourtant rien ne se passe. Les roseaux continuent de ployer sous le souffle du sable, l'après-midi s'immobilise dans la posture d'un échassier qui pareillement s'endort.

Mais de cette sieste dans les limbes vous n'avez nulle conscience. À peine vous rendez-vous compte que vous êtes accoudé à une barre de bois qui fut autrefois blanche, à quelques centimètres de la masse douce et chaude d'une encolure caressée de la joue. Le museau vous effleure, la pupille est fixée sur le vent, sur l'ailleurs, sur un tas de crottin que l'on distingue à peine.

Aucun son ne bouscule, aucun mouvement ne brise le silence que respectent les hommes.

Lorsque rentrent les cavaliers partis pour la promenade, le monde sort de sa léthargie. Mais c'est à peine si vous réalisez que vous étiez ailleurs, que vous venez de traverser l'après-midi dans le rêve de chevaux au repos dont l'un d'eux paisiblement défèque.

13 septembre 2009
52 - Loin, si loin

En ce souvenir prolongé de la soie d'un glissement, d'un cabrement doux, puis de l'inclinaison d'une voile sur un panorama d'alpages, nues étirées dans le déhanchement des routes. Ne s'inquiéter de rien, rester dans le déroulement du songe.

Magie de fin d'été devant des impressions qui défilent et perdurent, absence que seule ramène à la réalité la chute d'une pomme dans l'herbe d'un jardin, puis le crissement d'une feuille. Angoisse à l'idée que la futilité reprendra le dessus, que cesseront de régner les chevaux et les voiles, l'éblouissement des eaux...

Et voici le courrier, le téléphone, les factures ramenant au fracas, aux urgences, à une agitation stérile.

Ouvrir l'ordinateur et l'allumer, y pianoter deux mots, renoncer, revenir...

S'allonger pour la sieste et fermer les yeux, frôler la paix mais le voir apparaître soudain, lui qui claqua la porte sans même dire au-revoir et ne reviendra pas... Lui en allé si loin des chevaux et des voiles, si loin du soleil et du vent, si loin de la beauté que vous viendraient des larmes.

Vous ne comprenez pas, ne comprendrez jamais la cause exacte de son geste. Et vous voici crucifié par l'absence, qui crispez les mâchoires pour refouler l'inexplicable, le fuir dans quelque action brouillonne.

Et vous voici malgré vous devant des tâches dont vous vous demandez comment les accomplir dans cet épuisement de l'âme.

30 septembre 2009
53 - Laisser hurler la bête

En la gare de Saint-Denis de pénétrer le train avant de bloquer ses freins, et lui qui riait hier dans les ruisseaux de son enfance de le voir approcher et grandir, le choc serait terrible. Mais ne pas reculer, exécuter un dernier pas et livrer sa dépouille.

A-t-il fermé les yeux ?

Son corps à l'institut médico-légal, le train a cessé de hurler.

Ses bras en déploiement et les pans de sa veste comme les ailes d'un oiseau dans un courant d'air froid, et ses amies qui vous écrivent, vous téléphonent, et ce qu'elles disent, et ce qu'elles taisent, ce que vous comprenez.

21 heures. Il ferme sa porte et descend cinq étages, marche le long du canal, franchit une passerelle, pénètre dans la gare.

Appelle de son portable son amie, laisse un message qu'elle ne découvrira que trois plus tard, juste avant d'appeler, de rapporter le grondement des trains…

Que faire de l'urne remise au Père Lachaise, que faire de cet instant vécu dans l'œil épouvanté d'un machiniste, que faire de tels souvenirs…

Laisser hurler la bête, disait l'une. Penser à lui comme on caresse, murmurait une autre.

Il allait aujourd'hui fêter ses quarante ans.

4 octobre 2009
54 - Tout est en ordre

Ignorons la grisaille de cette fin octobre, oublions le *oui* irlandais à l'Europe des banquiers, à l'Europe de la crise, à ce cauchemar que trois nations lucides ont repoussé voici quatre ans à peine, ou trois, on ne sait plus au juste... Et détournons les yeux du feuillage d'un érable tardant à se parer de ses couleurs d'automne.

Aucun son, pas un chat, pas le moindre tracteur. Pour avoir trop chanté au soleil de l'été, le monde s'est résigné, en cette journée sans gloire, à s'abîmer dans un demi-sommeil aphone qui finirait par vous paralyser. Après avoir hier manié le furet et la scie dans un entrelacs de tuyaux, avoir fini par déboucher la canalisation obstruée, puis avoir nettoyé et tout remis en place, jouer les ramoneurs et finir sous la douche.

Tout est en ordre mais rien ne va, rien que du gris, pas l'ombre d'un désir...

Emmanuel ? Il ne lèvera jamais plus le "dernier verre" *pour la route*. Hémorragie cérébrale, a rompu les amarres, s'en est si bien allé que le voici, avant qu'on ait réalisé qu'il n'était plus de ce monde, à son tour dans une urne.

Les hirondelles qu'il redoutait, avant de s'envoler pour le Maroc vont pouvoir à présent, en fin d'une parabole aussi bruyante que vive, puis d'un piqué strident suivi d'un redressement joyeux qui les projettera loin de son ire jardinière, fumer des leurs fientes en rafales ses tulipes endeuillées.

55 - Serge

Interview de Serge Dassault.

Selon cet avionneur, on ne peut plus au courant du progrès accompli depuis Latécoère, le rôle des syndicats est clair : 1 : inciter à la grève ; 2 : mettre les bâtons dans les roues de patrons acharnés au redressement de la France. La CGT, la CFDT, FO et SUD pousseraient ainsi à des augmentations irréalistes de salaires tandis que leurs homologues polonais, tunisiens et birmans assureraient des coûts de production autrement moins élevés.

Jamais il ne lui viendrait à l'idée du brave homme qu'on pourrait, à l'inverse, inciter Tunisiens et Birmans à réclamer des salaires plus conséquents. De telles revendications mèneraient à un alignement vers le haut infiniment moins profitable il est vrai, pour les entrepreneurs de son espèce, que le sain nivellement par le bas entrepris par la France, phare d'un modèle social que nous envie le monde, mais passons.

Passons sans pour autant délaisser le vieux Serge.

Malgré qu'il fréquentât les hautes sphères du pouvoir, le voici inéligible en raison de l'achat d'électeurs lors des scrutins qui l'ont boulonné à son fief de Corbeil. Nouvelles élections, donc, et le voici réélu... — non pas sous son nom, mais sous celui d'un homme de paille. Réélu en effet, par 27 voix d'écart avec son adversaire de gauche... Mais comme il le fait avec justesse remarquer au micro de France Inter, quand on aime, on ne compte pas.

Élections irlandaises.

Là, ce n'est pas Serge qui a triomphé, ce sont ses alliés, partenaires d'une Europe s'apprêtant à se coucher devant les multinationales US. Alliés qui, à son image, n'ont pas lésiné sur le mensonge et les salades.

Où va la France que nous aimons, où va l'Europe que nous avons souhaitée, à présent dirigées par des repris de justice.

56 - Rassemblement

Unir les composantes (une dizaine au bas mot) de la gauche située à la gauche du parti socialiste (ou, selon les mauvaises langues, d'un parti socio-libéral débarrassé du socialisme pour mieux accompagner à sa tombe l'horreur capitaliste, la soutenir jusqu'au cimetière où ils vont l'un et l'autre s'enterrer, de même nous mettre au trou pour la raison que la banquise continue de fondre, les pluies de nous inonder, les océans de nous envahir de leurs vagues à mesure que s'envole le bon sens — ici, Buster ferme la parenthèse qui lui aura permis de situer le problème), eh bien unir des gens et des partis d'accord sur tout (foutre en l'air le capitalisme, s'emparer du pouvoir, bâtir une société de justice et de respect de la planète)... eh bien au pays de Voltaire et de Rousseau, au pays de Nicéphore Niepce et de Fulgence Bienvenüe, en bref au royaume des lumières, de la photographie et du métro parisien, parvenir à l'union des forces populaires n'est pas donné au premier venu.

Songez donc : hier samedi, en vue d'allonger une bonne claque au PS, parallèlement de barrer la route à l'UMP, réunion des poids lourds bourguignons de la gauche de la gauche (à l'exception toutefois de Lutte Ouvrière, décidée à mener le combat à la seule force de ses convictions) à Plombières-les-Dijon.

Et vous savez quoi ? Alors que tout le monde, à l'issue d'un somptueux étripage, était à 99% d'accord sur tout, impossible de signer le moindre texte : certains n'avaient pour ce faire aucun mandat de leur bureau politique, d'autres devaient attendre les résultats de leur Conseil national de décembre, d'autres encore, démocratiquement, devaient en référer à leurs camarades absents... Quant à la majorité des participants qui s'étaient empoignés (Buster en faisait partie), elle n'avait plus le moindre désir de pinailler sur des virgules. Si bien que la réunion s'est achevée sur l'Internationale, chantée le poing levé.

57 - Nuit de Varennes

20 h, au café *Le Capricorne*, contact entre représentants départementaux de la gauche de la gauche, Buster sur la sellette. Il faut dire qu'il est depuis peu, à égalité avec la camarade Nathalie, correspondant pour l'Yonne des hautes instances de son Parti.

Du coup, il a passé sa journée à trier des courriels en vue de la réunion avec les représentants des NPA, PC, GU et F.A.S.E., sans oublier le POI (Parti Ouvrier Indépendant), gardien du temps des cerises. Cela pour empêcher la droite de s'emparer du département sans pour autant, vous l'aurez deviné, s'aligner sur le "vote utile" d'un Parti Socialiste flirtant avec le Centre. Sans non plus baisser sa culotte devant le camarade Besancenot, ni engager de bras de fer avec lui. Mais en tâchant au contraire, en toute lucidité, d'accorder les violons.

Tout cela n'est pas de la tarte, mais Buster n'en fait pas un drame. En plus de payer sa tournée, il est bien décidé à se montrer affable.

La réussite en politique, lorsqu'il il s'agit d'aplanir les dissensions et de parvenir à un accord, est une question de patience. Au point que le gars trop fougueux, à moins de recourir à l'argument qui tue, auquel cas tout s'effondre, s'en prend plein la figure. En revanche, le militant responsable, qui n'hésite pas à caresser son vis-à-vis dans le sens qui convient, a de fortes chances de remporter le morceau.

Donc, si Buster monte ce soir au créneau sans autre munition qu'un baratin peaufiné à l'extrême, c'est que le Zoloft grâce auquel il carbure depuis peu, sur l'insistance de son médecin, lui donne confiance en son étoile, et que l'éclairement tamisé des lieux permet aux divergences de demeurer dans l'ombre.

D'abord, le NPA demande au PCF des précisions que son représentant a tant de mal à fournir qu'il s'efforce d'ignorer la question, si bien que l'affrontement se précise. Résolu à éviter la bagarre, Buster vide alors son verre et prie chacun de l'imiter. On partage de la sorte un moment d'apaisement, on commande même une seconde tournée et, sur le trottoir, au moment de se quitter, on se découvre à ce point bons copains qu'on se met d'accord sur une nouvelle rencontre aux alentours du 15.

À propos de cet échange, le peu de lumière du lieu, renforcé par les chuchotements et les roulements de pupilles inquiètes (nul ne voulait indisposer les trois pochetrons qui attardaient au bar) et l'inclinaison des silhouette vers celui qui parlait, évoquaient on ne peut mieux la lame de fond sur le point de réveiller la France, de l'inviter à se lever et secouer le cocotier, puis à se dénicher une Bastille qu'elle prendrait de haute lutte, enfin à se doter d'une nouvelle constitution, ancrage d'une sixième République devenue indispensable.

Parce que la Révolution que redoutent les pisse-froid, inutile de chercher midi à quatorze heures pour voir qu'elle se précise. Il suffit de se brancher sur Pujadas, de voir son interview de Marie-Antoinette... heu pardon... de Christine Lagarde à la veille de Varennes... — enfin ... de la rétrogradation de notre beau pays du triple A au double A, peut-être même au simple A, puis au BB +, enfin au BB - qui nous laissera pantois.

Et sans parler du reste, qui nous pend tragiquement au nez.

58 - Burka

Rédacteur scrupuleux, Buster s'inquiète de l'orthographe du mot *burka*. Un clic et hop, confirmation de son intuition : BURKA. Mais avant de revenir à son texte, le voilà cliquant sur *images*, en parcourant une vingtaine avant de dénicher celle, pas piquée des hannetons, qu'il juge la meilleure et transfert sur son blog : top-modèle afghane relevant son vêtement, dévoilant une poitrine si parfaite que le voici parti se promener sur le marché de Kaboul.

Foule compacte, femmes voilées se croisant en silence, et dont on se demande comment elles ne se heurtent pas tant le grillage réduisant le champ de vision leur interdit les clins d'œil — les leurs bien sûr, ceux de Buster pareillement —, mais également les regards vengeurs de l'intégriste et de l'inquisiteur, dissimulés l'un et l'autre sous des barbes fournies. Cependant rien à redire, chacune se conforme à la règle, si bien que les bâtons restent à pendre.

Encore que...

Buster allait se retirer lorsque lui vint l'idée, histoire de faire un tour du côté féminin de sa personne, de passer une burka. Déclic, un clic, et le voici à l'ombre.

Retrouvons-le peu après, matérialisation de son fantasme le plus intime, à poil sous l'étoffe islamique, délicieusement nue et seule à le savoir, et seule à se promener ainsi, folle impudique, au milieu de barbus incapables d'imaginer en quelle dépravation elle va, ni de quelles émotions elle jouit sous le regard d'Allah.

Libre je suis, s'amuse-t-elle, sensuelle et rayonnante, amusée par les mâles occupés à leurs tâches, par les barbus que rend stupides, pauvres chéris, l'interdiction de se rincer l'œil.

La libérée de s'approcher alors d'une de ses sœurs, de lui murmurer son secret et, riant sous cape, de la prier de l'assister en l'action qu'elle médite. Quelques instants plus tard, plantée devant l'un des barbus du diable, de prendre tout son temps pour soulever le voile de l'interdit.

D'abord soufflé, anéanti par de qui lui saute à la face et le foudroie, le gardien de la foi islamique recouvre l'usage de ses membres et s'élance, gourdin brandi en direction de la tentatrice, de la dépravée, de la salope qui s'enfuit devant lui. Une silhouette féminine lui fait alors un croche-pied, il se retrouve à quatre pattes, le sang lui jaillissant du pif et lui souillant le poil.

Maintenant, tandis qu'il se relève et s'ébroue, voyez vers l'horizon de cailloux, de sable et de guet-apens d'amour s'avancer la superbe. On ne voit ni ses yeux ni ses lèvres, uniquement ses seins aux roseurs érogènes. Elle a le visage dissimulé mais ne se cache nullement. Elle est une révolution en marche, une Marianne d'Arabie.

59 - Sans l'ombre d'un doute

Tout de même, quand on passe des délices de Kaboul à une Christine à ce point négligée qu'on la croirait violentée — œil à demi poché, horreur se reflétant dans la prunelle, front sillonné de rides — on se trouve en état de choc.

Parce que Christine d'habitude si pimpante, si séduisante et si alerte, en un mot si top, à la voir comme tirée du plumard par un quarteron de sans-culottes se jurant de la lui mettre, eh bien, comme le précise Buster, ça sent le comité de salut public, la place de Grève, la guillotine et les clameurs du populo. Malgré tout, bien qu'il n'éprouve aucune envie de prendre le thé en sa compagnie (vous connaissez ses opinions), son aspect le chagrine.

D'accord, on peut la critiquer. Par exemple, le soin qu'elle apporte à ses toilettes passe avant son souci de la Finance publique ; en sus, elle ne recule devant aucun mensonge, aucun tour de passe-passe, aucune supercherie pour faire avaler ses couleuvres, mais ce n'est pas une raison pour la réduire à l'état de serpillère. Rien à voir en tout cas avec une mère Thatcher qui a mené son Royaume à une telle régression que l'écolier, aiguillonné par le *more and more working for more and more money* [1] alors que ses parents, au chômage tous les deux, sont dans l'obligation de lui serrer la ceinture, se voit contraint à distribuer le journal en allant à l'école. Traitement semblable pour le retraité — encore qu'au tableau noir se substitueront dans son cas les quatre planches de son cercueil. Cela d'autant plus vite qu'il devra patienter de longs mois avant d'être admis aux urgences, et d'autant que les trains n'arrivent jamais à l'heure, et qu'en plus ils déraillent.

Non, vraiment, aucun point commun entre Christine et Margareth, ni entre la France et Albion. Parce que chez nous, au pays des droits de l'Homme, le bien-vivre est une règle. Cerises sur le gâteau, l'Éducation nationale a engagé une lutte à mort contre l'analphabétisation des ZUP, et le tube d'aspirine demeure au tableau des remboursements.

Quant au trou de la Sécu, y a pas photo, le prochain emprunt va le combler. En ce qui concerne la dette même combat, le président Nicolas Sarkozy s'en occupe.

Et puis, si notre industrie bat de l'aile, c'est la faute à qui ?

— La faute à la crise ! expliquera Christine en exhibant ses perles. Et de répéter que la crise est une conséquence des trente-cinq heures dont s'est juré le président Sarkozy de balayer les restes.

Voyez d'ailleurs, poursuivra-t-elle en un superbe mouvement de sa crinière, s'époumoner cette gauche immature du fait qu'un petit gars de banlieue [2], protégé par la famille Balkany, laquelle l'encourage à poursuivre son Droit, puisse prendre à vingt-trois ans le contrôle financier du Q.G. parisien des affaires…

Et vous parlez de scandale ?

(1)Travailler plus et plus pour gagner plus et toujours plus de manière, au grand bonheur de la planète, à s'empiffrer plus et plus.
(2) Jean Sarkozy de Nagy-Bocsa.

60 - La France qui gagne

Hormis des textes politiques de haut niveau, Buster n'a plus guère le temps de lire. Et puis le dernier bouquin qu'il a dévoré, *La Route*, de Cormac McCarthy, l'a transporté à de telles hauteurs qu'il lui est difficile d'en redescendre.

Il faut avouer que ce roman *minimaliste* n'appartient pas à la littérature que réserve l'édition parisienne aux bobos de la rive gauche. Et puis la prose de Cormac McCarthy ravit la pensée bustérienne, tant ancrée dans les essais maîtrisés que dans les esquisses déjantées d'auteurs carburant au haschich et de poètes au regard fou.

Donc, pour ne pas déroger à l'enthousiasme militant qui le revigore depuis bientôt un an, il a participé ce week-end, dans le 91, à la Convention nationale du Parti de Gauche. Quatre cents personnes, intelligence à revendre, discours final de J-L Mélenchon, applaudissements à tout rompre.

Il ne va pas vous en rapporter les points forts, il a tant de choses en tête qu'il a du mal à se concentrer. Avant d'aller se coucher, il va cependant vous glisser à l'oreille ce qui l'a le plus frappé.

Dans la France qui s'en va à vau-l'eau, dans la France de l'enrichissement de quelques uns sur le dos d'une multitude interrogée sur son identité par un benêt ayant viré de bord, il était logé, au titre de militant, à la lisière d'une ZAC (zone prioritaire d'activités), dans un hôtel *Formule 1* dont les fenêtres donnaient sur des hangars environnés de boue, le tout noyé de crachin.

Pas de quoi se réjouir, penserez-vous. Pourtant si.

Le cul-de-sac où se concentrait cet immondice urbain portait un nom dont le charme continue de le bercer tandis qu'il se prépare au voyage de la nuit :

allée…

allée des…

hé ! hé !

allée des Investisseurs.

Juillet 2010
61 - Merci

Dans le vallonnement des champs, des étendues de vert où s'amuse de vent à graver ses caprices. Mais peu à peu l'herbe grandit et monte en graine, les champs se muent en foisonnement, en ruissèlement d'or.

Dans l'infini de l'or les moissonneuses-batteuses, jusque tard dans la nuit, qui suivent les rivages de l'océan des blés, y dessinent des espaces qu'elle réduisent peu à peu à un dernier carré, à un ultime épi.

Hier, descendus du plateau pour traverser le village aux rues qui se croisent et s'enlacent, les uns derrière les autres, des tracteurs attelés à des remorque surchargées.

Tout cet or, dans le soleil couchant, tout ce grain !... Le cœur de se réjouir alors de cette assurance de tablées bien fournies, de l'appétit de garnements hirsutes, du sourire de plaisir des épouses et des mères...

Tout ce grain, tout cet or qu'on engrange. Tout ce labeur, tout cet amour. Cette récompense.

Merci à ce qui nous transporte.

Merci à ce qui nous transcende.

62 - À l'ouvrage

Il vient d'affûter un crayon qu'il mordille... pour se concentrer, prétend-il, en vérité pour la raison que sa libido buccale, mal assumée bien qu'il soit, depuis le temps du sein (sa génitrice le lui refusait malgré qu'il hurlât dans le noir et dévorât ses draps) devenu un blogueur sans reproche... que sa libido, donc, s'acharne à lui squatter le bonnet. Seulement voilà, le bonnet de Buster s'est entièrement vidé à son insu, et le crayon va y passer avant que la moindre idée ne vînt illuminer sa matière grise. Et il a beau fourrer Sarko dans le troupeau des pénitents lui réclamant une guérison express, s'acharner sur chacun de ses ministres, de fil en aiguille s'emporter devant la destruction programmée des idéaux du socialisme, rien n'y fait. Il repose la moitié de crayon non encore ingérée, peste contre la mauvaise lune, puis jette sur le capharnaüm de son bureau un regard dégoûté. Repoussant alors sa chaise, il s'en va inspecter ses légumes, découvrir que les limaces ont sévi dans ses choux, que le dernier coup de vent a fendu son prunier sur les trois quarts du tronc. Les embryons de reines-claudes vont malgré tout mûrir, ce n'est là qu'une hypothèse, mieux vaut cependant positiver.

Fermer les yeux sur un souvenir de tarte, inspirer doucement, lâcher prise.

Cueillir une tomate cerise et la porter à sa bouche, jouir de l'éclatement d'une seconde sous la pression des dents, peu après d'une troisième... et de constater que revient à l'esprit ce qui s'en était évaporé par un goulot de bouteille : le moyen d'enrayer la désagrégation de la cabane à outils mise à mal par la pluie...

Revenir à son ouvrage, y retrouver le vestige du crayon.

Ne dérangeons Buster sous aucun prétexte. Attendons que le ruissellement des sucs, par le miracle de l'esprit, se mue sous ses doigts qui déjà n'hésitent plus en un billet à décoiffer Bernard-Henri Levy.

63 - Comme si *

Et puis on n'a qu'a faire comme si…

On n'a qu'à faire comme si toi tu avais une belle queue et un long museau ; on n'a qu'à faire comme si moi j'étais agile et balancée ; on n'a qu'à faire comme si toi tu étais un beau loup et moi un petit lapin frétillant et que je pouvais grimper très haut dans l'arbre et que toi tu m'attendrais en jubilant, et puis après peut-être tu pourrais me pique-niquer, après, si tu es sage, si je veux bien descendre.

On n'a qu'à dire que ton sexe est une marionnette et le mien aussi, et on jouerait au chasseur qui tombe dans le piège à loup, et le loup qui rit et le petit lapin qui lui lèche les babines.

On n'a qu'à dire que ton sexe est mon petit animal de compagnie et qu'il n'aime pas les autres gens et qu'il a peur sans moi, et qu'il vient se cacher dans mes jupes. Et moi aussi un petit animal craintif à caresser dans le sens du poil, et puis après je t'aime et je m'ébroue et j'ai très faim.

On n'a qu'à dire qu'on se connaît depuis toujours et qu'avant on était des ours et qu'on jouait ensemble depuis toujours, et qu'on était des baleines et qu'on nageait et qu'on faisait des concours de jet d'eau depuis toujours, et qu'on était des aigles et qu'on pouvait se voir à des kilomètres depuis toujours, et qu'on était des couleuvres et qu'on s'enroulait l'un à l'autre, et qu'on pouvait se frotter chaque parcelle de peau et s'emmêler et faire des nœuds, et qu'on était dans le même œuf, et qu'on n'avait qu'une bouche.

** Ce texte est de Sarah, fille de Buster*

64 - **Nous y sommes**

Depuis cinquante ans que cette tourmente menace dans les hauts-fourneaux de l'incurie, nous y sommes. Dans le mur, (…), comme seul l'homme sait le faire avec brio, qui ne perçoit la réalité que lorsqu'elle lui fait mal.

Telle la bonne vieille cigale à qui nous prêtons nos qualités d'insouciance, nous avons chanté, dansé. Quand je dis « nous », entendons un quart de l'humanité tandis que le reste était à la peine. Nous avons construit la vie meilleure, nous avons jeté nos pesticides à l'eau, nos fumées dans l'air, nous avons conduit trois voitures, nous avons vidé les mines, nous avons mangé des fraises du bout monde, nous avons voyagé en tous sens, nous avons éclairé les nuits, (…) franchement on peut dire qu'on s'est bien amusés.

On a réussi des trucs carrément épatants, très difficiles, comme faire fondre la banquise, glisser des bestioles génétiquement modifiées sous la terre, déplacer le Gulf Stream, détruire un tiers des espèces vivantes, faire péter l'atome, enfoncer des déchets radioactifs dans le sol, ni vu ni connu. Franchement on s'est marrés.

Franchement on a bien profité.

Et on aimerait bien continuer, tant il va de soi qu'il est plus rigolo de sauter dans un avion avec des tennis lumineux que de biner des pommes de terre.

Certes. Mais nous y sommes.

À la Troisième Révolution.

Qui a ceci de très différent des deux premières (la Révolution néolithique et la Révolution industrielle, pour mémoire) qu'on ne l'a pas choisie.

« On est obligés de la faire, la Troisième Révolution ? » demanderont quelques esprits réticents et chagrins.

Oui. On n'a pas le choix, elle a déjà commencé, elle ne nous a pas demandé notre avis. C'est la mère Nature qui l'a décidé, après nous avoir aimablement laissé jouer avec elle depuis des décennies. La mère Nature, épuisée, souillée, exsangue, nous ferme les robinets. De pétrole, de gaz, d'uranium, d'air, d'eau. Son ultimatum est sans pitié : Sauvez-moi, ou crevez avec moi (à l'exception des fourmis et des araignées qui nous survivront, car très résistantes, et d'ailleurs peu portées sur la danse).

Sauvez-moi ou crevez avec moi.

(…) D'aucuns, un brin rêveurs, tentent d'obtenir un délai, de s'amuser encore avec la croissance. Peine perdue.

Il y a du boulot, plus que l'humanité n'en eut jamais.

Nettoyer le ciel, laver l'eau, décrasser la terre, abandonner sa voiture, figer le nucléaire, ramasser les ours blancs, éteindre en partant, veiller à la paix, contenir l'avidité, trouver des fraises à côté de chez soi, ne pas sortir la nuit pour les cueillir toutes, en laisser au voisin, relancer la marine à voile, laisser le charbon là où il est (…), récupérer le crottin, pisser dans les champs (pour le phosphore, on n'en a plus, on a tout pris dans les mines, on s'est quand même bien marrés).

S'efforcer.

Réfléchir, même.

Et, sans vouloir offenser avec un terme tombé en désuétude, être solidaire. Avec le voisin, avec l'Europe, avec le monde.

Colossal programme que celui de la Troisième Révolution.

Pas d'échappatoire, allons-y.

Encore qu'il faut noter que récupérer du crottin, et tous ceux qui l'ont fait le savent, est une activité foncièrement satisfaisante. Qui n'empêche en rien de danser le soir venu, ce n'est pas incompatible.

À condition que la paix soit là, à condition que nous contenions le retour de la barbarie — une autre grande spécialité de l'homme, sa plus aboutie peut-être.

À ce prix, nous réussirons la Troisième révolution.

À ce prix nous danserons, autrement sans doute, mais nous danserons encore.

65 - Eva jolie

Buster, vautré on ne sait où avec de bonnes choses à manger, n'a pu allumer la télé. Aussi n'est-ce que le lendemain qu'il entendra celle qu'il avait manquée, Eva Joly. Ou plutôt ses propos, fustigés par la bien-pensance UMP/FN, à laquelle s'est ralliée le PS.

Parce qu'Eva, candidate aux présidentielles, a contesté le bien-fondé du défilé militaire du 14 juillet. Et parce qu'Eva (transparaissent là ses origines étrangères), a proposé de le remplacer par un défilé citoyen avec écoles maternelles, mères au foyer, chômeurs, ayants droit et tutti quanti, le bourgeois quant à lui terré derrière les CRS... À ces propos inqualifiables, les Marine et Copé, rejoints par les ténor de Solferino, ont hurlé au scandale.

Il n'y a que Mélenchon qui sut garder sa dignité : *Un défilé militaire pour ma patrie républicaine, d'accord, à condition qu'il soit accompagné d'un défilé du peuple.*

Pas con. Encore qu'un défilé populaire, débraillé comme de juste et manquant de cohésion, qui plus est succédant à un alignement de régiments tirés à quatre épingles, ça risque de faire désordre.

Comment lier ces deux parties de la France que sont le peuple et son armée ?

En les faisant s'épouser comme il en fut en 1789, pense la gauche de la gauche. Et que le bidasse de Bergerac défile au bras de la serveuse du Fouquet's, qu'il repasse la bouteille à son pote et que le général boive au goulot, qu'il soit hissé au mat de la fierté, que le drag-queen lui roule une pelle tandis que sa copine, ou son copain (allez savoir), le débarrasse de son képi pour le coiffer de la perruque de Robespierre, ou de celle de Louis XVI, récupérée au pied de la Veuve. Et que le 14 juillet redevienne une fête à tout casser, qu'on y oublie nos turpitudes lors de la colonisation de l'Afrique, plus près de nous durant une guerre qui refusa de dire son nom... — mais pourquoi n'en parle-t-on jamais, des Algériens que nous avons maltraités !

Bon, ce billet fut pour Buster l'occasion de ramener sa fraise, de ne pas rester en rideau sur le bord de la route. Parce que ce défilé de la Grande Muette, cet alignement de têtes de bois sous le regard de tarés contenus par des barrières, ça le rend plutôt malade.

Maintenant, descendre la plus belle avenue du monde au bras Eva Joly, d'autant qu'ils ont le même âge elle et lui, qu'ils portent tous deux des lunettes et qu'il apprécierait (elle de même à n'en pas douter) de visiter à son bras son pays de naissance… alors là, bien qu'ébloui par la personne de Mélenchon, ça l'émoustille à tel point que le revoilà dans la Grande Ourse.

Ceci dit, si le hasard avait voulu qu'il fût une fille, et s'il voyait un beau militaire arborer sa virilité (à moins qu'il ne s'agisse de masculinité à défaut de bravitude) dans l'axe du triomphe, ça le…

— Ça le… quoi ?
— Enfin, vous ne voudriez pas qu'il vous fît un dessin !

66 - Scoop

Avec l'affaire Woerth, on a surpris un ministre la main dans le pot de confiture. Avec l'affaire MAM, on put apprécier la collusion entre UMP (mouvement populaire) et dictatures arabes.

Puis ce fut l'assaut de la soi-disant demeure du soi-disant Ben Laden, suivi du ramassage des douilles, du nettoyage des lieux, de l'enlèvement du corps et de son immersion dans les abysses de l'Océan indien. Tout cela retransmis sur un écran tourné dans le mauvais sens.

On commençait à se poser des questions lorsque notre cher DSK, sortant de sa douche, a glissé sur une savonnette et, déséquilibré, a capoté entre les cuisses de Nafissatou Diallo… Au gnouf illico, l'ex-futur président, et la communauté internationale de se déclarer en état de choc. Du coup, Ben Laden oublié.

Là-dessus, pour détourner les esprits de la hausse des prix, de la misère de l'hôpital public et du naufrage de l'Éducation nationale dans le tsunami qui frappa la finance, voici l'inoxydable Christine délaissant ses onguents pour s'en aller remplacer au poste de sauveur du monde, pour le plus grand bonheur des Grecs auxquels elle va offrir son merveilleux sourire, l'innocent présumé Dominique.

Sur ce, nouveau pavé dans la fosse médiatique, un philosophe gouvernemental y va de son étron : selon lui, un ancien ministre aurait abusé de petits garçons dans les souks marocains… Mais halte là, secret de famille, honneur de la République, innocence présumée, tralala…

Oh, oh, oh… temporiserait dans "Orange mécanique" le surnommé Alex… *on se calme.*

Voici en effet, illuminant l'actualité, ce rayon de soleil : « Carla… Nicolas… papa-maman… ».

C'est futur papy Pal qui annonce la nouvelle au micro de France-Inter.

Pas de chance pour le nouveau-né, et manque de pot pour Papy Pal, les Français n'écoutent pas.

67 - Cocos jusqu'à l'omelette

D'abord, le camarade président la séance, comme Buster l'en avait prié, lui offrit le micro. Notre essayiste a donc annoncé que son bouquin venait de sortir, qu'on pouvait l'acheter au prix de onze euros, ce à quoi il invita les copains car il s'agissait là d'un excellent bouquin, qui plus est plein d'humour. Puis la séance fut ouverte, qui porta sur la crise et la dette. Elle fut comme à son habitude passionnante sur le plan des chiffres, en revanche déplorable quant à la spiritualité vers laquelle il tenta de l'entraîner. À l'issue de quoi, ayant échoué, il sortit la queue basse.

Et doublement basse, pour les raisons que voici : d'abord il n'avait vendu qu'un exemplaire de son livre, ce qui est un comble lorsqu'on sait que l'ouvrage fut rédigé à l'intention de ceux qui lui tournèrent le dos ; d'autre part pour la raison que tout le monde, Barlouin en tête, s'était ouvertement fichu de sa tronche à propos de la guerre que déclarerait la Finance à ceux qui s'en prendraient à elle.

— En 1792, toute la noblesse d'Europe s'est dressée contre nous, avança-t-il. Et nous lui avons cloué le bec.

— Qui ça, "on" ? Les sans-culottes ? Mais nous n'en avons plus, fit remarquer Barlouin.

— Nous reste la force…

— …la force de dissuasion que nous a léguée de Gaulle ?

Là, mettez-vous dans l'ambiance. Comprenez que l'assemblée était composée de communistes pur jus, autrement dit formatés, ancrés dans leur histoire. Sitôt passée la seconde d'un silence effaré — de Gaulle ! —, Barlouin a hurlé de rire, ouaf ouaf, suivi de nombre de ses semblables, ouaf ouaf ouaf, tous cocos, tous se tenant les côtes, agités d'un ressentiment ancestral à l'encontre de l'homme qui les avait coiffés au poteau du temps de Mathusalem, enfin de Maurice Thorez, voici plus de soixante ans. Et qui entendaient tous, vivifiés qu'ils étaient par soixante ans de luttes perdues, bâtir une société nouvelle.

18 octobre 2011
68 - Camarades,

C'est avec une appréhension grandissante, écrit-il à ses chers cocos le lendemain des fameux ouaf ouaf, que j'assiste aux réunions de l'AVA. Non que je les trouve inutiles, au contraire. J'avouerai même m'y cultiver. Mais je redoute à chaque fois d'en ressortir frustré.

Comment vous expliquer ?… Il me semble que le malaise réside dans la manière que vous avez d'éviter les questions importantes, c'est-à-dire celles qui fâchent.

Mené par ses bas instincts, le capitalisme se trouve aujourd'hui au plus mal. Il a depuis longtemps basculé du côté de l'obscur, et ce ne sont pas nos lumières qui pourront le combattre, non plus que les chiffres dont certains se rengorgent. Si tel était le cas, il y a longtemps que Marx aurait eu raison de lui.

Or, il n'en rien été. Cela pour la raison que capitalisme et marxisme, tant liés par le mépris que par la haine, souffrent l'un comme l'autre d'un trop-plein de matérialisme. De même la civilisation chrétienne qui les engendra et qui, reniant son principe d'origine (aimez-vous les uns les autres), forgea nos manières de penser, surtout de penser de travers.

Ce sentiment, qui m'est personnel, s'est amplifié lors de la réunion d'hier.

Si nous voulons en finir avec la malfaisance capitaliste, cc n'cst pas de cette manière que nous en viendrons à bout. Le diable l'habite. Il nous faut donc délaisser la logique au profit de l'exorcisme. Or, matérialistes et cartésiens que nous sommes, nous manquons des outils nécessaires à une telle entreprise.

Solution: attendre que le toujours-plus mette la finance à genoux. Nous l'achèverons alors, égorgerons les chiens accourus à son secours, et tant pis s'ils pullulent. En tuant le mal habitant notre espèce depuis le geste de Caïn, nous aurons rendu à l'humanité un fabuleux service.

L'être humain, chers camarades, est la synthèse de la matière et de l'énergie. Mais pas seulement. Plus encore que le dauphin, l'homme hérita de l'esprit. Et à présent que s'éloigne l'obligation qu'il eut en premier temps de se courber vers le sillon, dans un second vers les rouages de ses machines, qu'il passe à autre chose. Qu'il se redresse, porte son regard vers le haut, et que l'exploration de l'infini devienne son objectif.

L'accès aux vastitudes constitue le fondement de l'ouvrage que je vous ai proposé hier, et dans lequel j'aborde notre évolution, plutôt notre remise en route. C'est-à-dire la Révolution inachevée que nous devrons reprendre si nous voulons passer, en tant qu'espèce, de l'infantilisme en lequel nous dégénérons à la maturité que nous promet le progrès.

Voulez-vous que nous en parlions ?

Lorsque, citant de Gaulle, je me suis heurté hier aux ricanements du camarade Barlouin, j'ai eu honte. Honte pour lui, honte pour vous, honte pour nous tous. D'autant que le XXème siècle, témoin des tueries que nous savons, nous offrit trois figures légendaires.

La première s'appelait Jean-Jaurès, elle fut assassinée.

La seconde, Pierre Mendès-France, fut renvoyée à ses études avant d'avoir mené à son terme un essai prometteur.

La troisième, Charles de Gaulle, désabusée, finit par nous abandonner et nous livrer à Pompidou, pion de la Banque Rothschild en notre bergerie.

Alors cette question, camarades : où notre conscience se trouvait-elle en ces époques de gloire ? Et où est-elle en cette heure ? À quels progrès peut-elle se raccrocher depuis l'accablement d'Auschwitz, la brûlure d'Hiroshima et l'abandon au secteur privé du pouvoir de créer de la monnaie ?

69 - Face à face

Aubry à gauche - Hollande à droite.

Maquillés l'un et l'autre, inquiets l'un comme l'autre à l'idée d'un faux pas, ils offrent à l'électeurs le spectacle de deux automates. Répliques enregistrées, ficelles tirées au bon moment. Martine aigre-douce, François parant les coups avec la grâce d'un éléphant en butte aux chinoiseries d'une lionne domestiquée.

Buster tint bon mais n'éprouva aucune difficulté, une fois le rideau tombé, à trouver le sommeil.

C'était cela, l'affrontement des idées ? Et ce seraient ces gens qui voulaient diriger la France au milieu de la tempête ? Buster a peur, Buster a froid. D'autant qu'il n'a reçu aucune réponse de Barlouin ni de quiconque. Pas même de Michèle F, qui avouait pourtant sa perplexité :

Je suis intervenue lors du mouvement sur les retraites pour demander une réunion, disait-elle. *En réponse, rien !… Pourquoi une telle opacité ? Sans doute ai-je raté quelque chose…*

Michèle F, qui n'appartient à aucun parti, a loupé en effet un même appel de Buster. *Nous verrons cela,* lui avait-on répondu il y a de cela un an.

Eh non, Michèle pas pilote dans l'avion. En revanche, bon nombre d'endormis.

Seul réconfort dans le dialogue Aubry-Hollande, pour en revenir à lui : la langue de vipère socialiste changeait de la langue de béton sarkozienne. D'où le dépit de Jean-François Copé, furieux que les caméras se fussent détournées de lui, et le silence d'un Fillon qui avait déclaré la veille : « Ces primaires sont un modèle de démocratie. Souhaitons qu'elles inspirent l'UMP ».

Bien entendu, hors de question cette fois-ci : Nicolas Sarkozy, haï comme il n'est pas permis, restait le candidat parfait.

70 - Modernité

Soirée littéraire chez Laurent, écrivain s'acharnant à étudier la crise. Mais il ne fut question ni de finance, ni de politique, encore que l'ouvrage présenté (*Discours sur la servitude volontaire*) concernât ces sujets.

Question : *Pourquoi un seul peut-il gouverner un million alors qu'il suffirait à ce million de dire "non" pour que soit rejeté le gouvernement d'un seul ?...* Est alors revenu à Buster cette idée que l'humanité, reflet des gens qui la composent, franchit comme eux les paliers menant de la naissance à la maturité.

Il se disait que nous en étions à l'adolescence, dont il situait les prémices à la Révolution, autrement dit au mouvement qui dressa le peuple devant son roi, à la manière du garçon devant son père. D'où le passage de la monarchie à la république, sa mise en place définitive survenant aux alentours de la révolution industrielle, soit cinquante ans plus tard. Or, dans ce bel arrangement, il avait oublié que rien, à l'échelle d'une entité aussi complexe que l'espèce humaine, ne peut s'accomplir avec une telle vélocité, ni aussi simplement. Et voilà qu'un ancêtre, auteur à 18 ans d'une dissertation que peu de nos compatriotes mèneraient à son terme, le contraignait à revoir sa théorie. Il a ainsi réalisé que si l'adolescence débute à la première révolte contre l'autorité, il était nécessaire de remonter à Spartacus pour la voir s'exprimer à l'échelle de la société.

À remarquer que cette révolte d'esclaves ne précéda que de quelques décennies l'apparition d'un Christ en appelant au partage. Et que ce premier signe de mûrissement a pris deux millénaires pour nous mener à la crise d'identité que nous traversons aujourd'hui.

La démocratie, autrement dit le pouvoir abandonnée par le prince aux moins-que-rien qui constituent le peuple, va s'étendre à l'avenir aux domaines encore interdits que sont l'économie, la banque et les armées.

71 - Détail

Dézingué, Kadhafi ! Exécuté après que l'Otan, venue au secours des insurgés libyens, le livra à ses tueurs ! Là-dessus menace d'effondrement de la Grèce, pareillement de l'euro, pareillement de l'Europe. D'où l'affolement qu'on imagine dans de hautes sphères mondialisées sentant le vent fraîchir, la tempête se lever.

Décidément, pendant que les Tunisiens s'apprêtent à voter pour un monde moins cruel, nous voyons Sarkozy et Merkel se réunir en hâte, s'entendre sur le partage des filons restant à leur portée, chercher le bouclier capable de sauver nos nations du désastre.

Les sauver, soit, mais pour combien de temps ? La Chine déjà, précédant l'Inde de moins d'une encablure, toutes deux suivies par le Brésil, la Corée et le Zimbabwe, guettent les craquements de l'échafaudage politico-maffieux qui va nous tomber dessus, nous mettre à quatre pattes devant notre gabegie, nous livrer aux caprices de nouveaux potentats.

À moins que nous ne sortions nos fourches. À moins qu'une énième révolution, qu'on souhaite la dernière, ne propulse notre pays vers une civilisation nouvelle. Auquel cas, retrouvant dynamisme et vigueur, nous répandrons de par le monde un semi d'idées neuves tenues au frais depuis deux siècles, et dont l'éclat rassemblera les peuples.

72 - À propos de Ben Laden

Tandis que la Tunisie votait en nombre ce dimanche, le Comité libyen de TRAHI...son faillit déclarer Buster au journal de 20h avant de se reprendre (...de *transition*) rétablissait la charia pour rétablir la morale et maintenir le peuple en laisse. Doit-on s'étonner de ce fossé creusé entre bénéficiaires d'un même printemps ?

La Tunisie, délivrée de son dictateur par ses propres moyens, a choisi la démocratie. Sans doute lui faudra-t-elle des décennies pour établir un régime respectueux de ses attentes, mais combien de temps nous aura-t-il fallu à nous, Français, pour instaurer un semblant de démocratie ?

Quant à la Libye, elle offre l'exemple opposé. Elle ne fut libérée de son tyran que par l'intervention des aviations britanniques et françaises, par les livraisons d'armes de l'Otan, sans parler des conseils que lui ont prodigués nos Cameron et Sarkozy. Et si Michèle Alliot-Marie, obéissant aux ordres, a proposé d'envoyer nos gendarmes au secours de Ben Ali, alimentant ainsi la colère tunisienne, la même erreur ne s'est pas répétée dans le cas de la Libye : avant de n'en faire qu'à leur tête, nos stratèges d'occasion se sont assuré le soutien de l'ONU. Après quoi les marchands de canon ont mis les bouchées doubles. Il faut dire que leurs interlocuteurs (tous d'anciens serviteurs du colonel en fuite, le président de leur comité de transition ayant été le tortionnaire en chef des infirmières bulgares), leur semblaient des plus fiables.

L'assassinat de Kadhafi n'est pas à déplorer. Mais le pruneau qui l'a achevé illustra la volonté des puissants de le réduire au silence avant qu'un tribunal international ne l'invite à se défendre. En tout cas, il ne put s'agir de l'expression d'une quelconque justice. Plutôt de la manigance d'un petit Bonaparte que rattrapait un nombre hallucinant de casseroles.

Sans doute en alla-t-il de même de Ben Laden, traqué de son côté par le Mossad et la CIA.

73 - Au top

Intervention télévisée de notre Nicolas : grâce à Mme Merkel et à lui-même, l'Europe, est sauvée. Parvenue au bout du rouleau, la Grèce se serait en effet déclarée en faillite, l'euro se serait effondré et toutes les monnaies — dollar, yen, zloty, livre sterling, doublezons, cruzados etc. — auraient été ruinées par le troc (je t'échange mon cheval contre ta Mobylette, mes pommes contre ta femme, etc.), Buster exagère mais à peine. Il n'y a qu'à voir de quelle manière les SEL (services d'échanges locaux, dont l'objectif est de rapprocher ceux qui en ont de ceux qui en voudraient, mais en avoir ou pas n'aura bientôt plus de sens) se développent en campagne. Autant vous dire (ici, retour à Sarkozy) que nous serions retombés des siècles en arrière, que nous aurions regagné nos cavernes, que nous aurions épluché nos racines du tranchant des silex.

« Mais il n'en sera rien », se réjouit l'agité. Et il a raison, c'est pour cela que nous l'avons élu président. Pour qu'il travaille au maintien de notre triple A, mais surtout qu'il nous débarrasse du poids des 35 heures et de la retraite à soixante ans — *soixante ans alors que nous gagnons tous les dix ans au moins six mois de vie* — parce que, vivant depuis le second septennat de François Mitterrand au-dessus de nos moyens, il serait temps que nous remboursions nos dettes, que nous mettions en pratique la fameuse règle d'or, sinon que laisscrons-nous à nos enfants, etc. « Le gouvernement étudie la question, vous recevrez toutes précisions sitôt passé le G20, et bla et bla et bla ».

Prend-on les Français pour des veaux ?

Évidemment puisqu'ils écoutent et acquiescent. D'après Opinion Way, 55 % des sondés, tous incarnant le bon sens, ont jugé convaincant le discours présidentiel.

74 - Panique à bord

Bombardiers d'eau partis au secours de La Réunion. Il faut dire que l'incendie ravageant ses forêts noircissait le portrait de la cinquième puissance économique du monde.

Sur ces entrefaites, s'illumine le visage des Palestiniens : enfin reconnus par l'Unesco ! En revanche (on s'y serait attendu), colère affichée de Netanyahu, qui y voit la reconnaissance d'un état terroriste aux portes de son paradis. Mais en réalité, sous le courroux de façade se dissimule le ricanement du leader d'extrême droite : Bibi déclare aussitôt que les négociations de paix sont torpillées — ce qu'elles étaient depuis longtemps étant donné qu'il leur préfère l'affrontement. En conséquence, menaçant de priver les palestiniens de nourriture et d'eau, il multiplie les constructions israéliennes en zones colonisées. Et d'ici qu'un missile en fer blanc, manié par quelque taupe du Mossad affublée d'un burnous, décolle de Gaza pour aller faire long feu du côté d'Ofakim, gageons que les représailles seront à la hauteur de l'agression — sans que notre président ne s'insurge. En plus des acrobaties qui lui sont habituelles, il a en effet deux casseroles sur le feu : celle du brouet arabe, dont il faut se défier, et celle du rata sioniste, dont il s'agit d'entretenir le fumet pour des raisons de finances, mais interdiction de l'avouer. Là-dessus voici Papandréou annonçant (après tous les euros dont le gratifia l'Europe) une consultation populaire dans son pays de faignants. Et pas pour le maintien ou non de la Grèce dans l'Europe, auquel cas le Oui l'emporterait haut la main, mais pour demander aux Grecs s'ils sont d'accord avec le plan d'austérité que leur inflige la troïka.

Imaginez que les imitent les Portugais, les Esp ...

— Angela ?

— Ja.

— Ne manquerait plus que mes crétins de Français en veuillent un eux aussi, de référendum.

— Halten Sie, Nikola, Ich telefon Athènes...

75 - Admiration

Sur le perron de l'Élysée, l'ex président Nicolas Sarkozy remet à François Hollande, son successeur, la clé des dorures qu'il va devoir, remercié qu'il fut par la volonté du peuple, quitter dans la minute suivante.

Poignée de main, intense moment de crispation. Carla et Valérie se font la bise, Carla offre aussitôt sa main à Nicolas et l'accompagne à leur voiture, laquelle quitte peu après la cour de l'Élysée. Quelques sifflets, quelques applaudissements, quelques vivats lorsque plus tard, descendant les Champs sous une pluie battante, le nouveau président se présente à la foule. Laquelle, n'en revenant pas de ses lunettes ruisselantes, songeant avec pitié à son costume trempé, à ses godasses pleines d'eau, et désolée de ne pouvoir le protéger d'un de ses parapluie, commencera quelques semaines plus tard à douter de son choix.

Ceci dit, il faut avouer que le nouveau monarque, placide représentant de la cinquième puissance économique du globe, sut réprimer ses tremblements et tenir son rang malgré qu'il fût réduit à l'état de serpillère, que ses poches débordassent et que ses lunettes ruisselassent, qu'en sus il eût la goutte au nez.

4 décembre 2012
76 - Dans la salle des machines

Archaïque paraît-il, la nationalisation d'Arcelor Mittal.

Aux yeux de politiciens sortis de la cuisse de Jupiter, sans aucun doute. Ceux-là, même si certains se réclament de Jaurès, d'autres de Charles de Gaulle, sont des défenseurs acharnés du capitalisme, du libéralisme, de la propriété privée et de la toute-puissance des multinationales. C'est pour cette raison que Jean-Marc Ayrault, premier ministre intègre, a cloué le bec de son ministre du redressement productif pour donner carte-blanche à Lakshmi Mittal, rejeton richissime d'une excellente famille, dispensé donc de tenir ses promesses.

Car ce triste produit d'une civilisation qui s'en va à vau-l'eau (je veux parler de J-M Ayrault), ne comprendra jamais que ce ne sont ni les nationalisations, ni les socialisations qui mèneront le pays à la ruine, mais bien l'acharnement des capitaines, barons et bâtisseurs de leurs propres fortunes à conserver pour eux ce qu'ils serrent dans leurs griffes.

Nous avons rejeté Sarko, nous reste à repousser Hollande et son troupeau de pachydermes. Ensuite, comme à la grande époque, à ressortir nos fusils.

La Révolution, par le peuple français voici deux siècles offerte à tous les continents, puis maintenue en laisse par l'Armée, l'Église et la planche à billets, trouvera son achèvement dans le soulèvement que fomentent dans les sous-sols des banques, dans les fonds de cales des pétroliers et les circuits de la finance, les légions d'anonymes qui jamais n'oublieront, ni jamais ne pardonneront, et qui sont innombrables.

77 - Néocolonialisme & C°

Intervention de la France au Mali, djihadistes terrés dans un centre gazier, assauts combinés de commandos algériens et français, et voici le père François devenu chef de guerre, qui effectue dans les sondages une remontée en flèche : deux points d'un coup ! Mais avant d'en penser quoi que ce soit, enfonçons-nous dans la psyché d'un président qui ne craint pas d'affirmer : « La France n'a aucun intérêt dans cette partie d'Afrique, elle agit dans le seul but de venir en aide à un gouvernement ami ».

Bien joué. Mais ce comédien nous ayant habitués à nous mener en bateau, allons voir sur le site de Michel Collon le point de vue d'un journaliste belge.

Dès la première vidéo, et sans qu'il soit besoin de passer aux suivantes, la franchise hollandienne en prend un sérieux coup.

D'abord, nos anciennes colonies sont depuis leur indépendance soumises à des gouvernements mis en place par Paris. Le Mali en particulier, pour la raison qu'il possède, en plus de réserves d'hydrocarbures sur lesquelles nous lorgnons, des mines d'or et d'argent, ainsi que de l'uranium destiné aux centrales nucléaires dont nul n'a l'intension, malgré Fukushima, et malgré que la plupart aient atteint l'âge limite, de ralentir la production.

Ainsi, nous l'aurons compris, François Hollande se situe dans la droite ligne des Mitterrand, des Chirac et des Sarkozy. Loin d'être un visionnaire à la de Gaulle, c'est un président normal, un politicien comme on en connaît tant, assez habile pour se maintenir à flot, jouer des rivalités de clocher. Au point que le Front National, préférant se mesurer à la droite, n'ose l'affronter de face.

Depuis le pédalo qui le fit passer pour une caricature, le capitaine Hollande cache admirablement son jeu. Mais le pourra-t-il longtemps ?

78 - Opium des peuples

L'assassinat de Chokri Belaïd, dirigeant du Front Populaire tunisien, n'était en rien imprévisible. Les appels au meurtre retentissaient dans les rangs d'Ennahdha, le parti au pouvoir, et le gouvernement islamiste se gardait bien d'ouvrir les yeux. D'autant que la révolution tunisienne n'avait encore déterminé ses objectifs. Du coup, dans le foutoir de l'après Ben Ali, les seuls mouvements organisés, tel Ennahdha, eurent accès au pouvoir.

De l'avis de Buster, il n'en demeure pas moins que l'avenir de la Tunisie se joue sur le fil du rasoir. Ou bien le peuple, en sa vision d'un horizon, profitera de l'occasion pour mener à son terme le changement désiré, ou bien la droite musulmane, aussi réactionnaire que ses sœurs égyptienne et libyenne, soutenue qui plus est par les milieux d'affaires occidentaux, réussira à engendrer le chaos que guettent les néolibéraux pour imposer leur loi.

En ce sens, la Tunisie ressemble à la France. Au moment où Hollande, aidé des Pujadas, Ferrari et autres représentants du pouvoir médiatique, nous bourre le mou avec le mariage gay, la droite de notre cher Copé, opposée à toute réforme allant dans le sens du progrès, s'apprête à convoler avec Marine Le Pen.

Sur la Tunisie, notre pays a cependant une bonne longueur d'avance. D'abord si notre République, après maints reculs, mit plus d'un siècle s'imposer, elle est maintenant incontournable. Ensuite, pour ce qui est du socialisme auquel la conduit la logique, elle dispose d'un programme applicable sur l'heure.

L'Église de plus, attachée désormais à sa seule survivance à l'ombre de son Seigneur, a cessé dans notre pays d'être l'opium du peuple. L'opium est désormais entre des mains de l'Élysée, des banques et de la publicité.

79 - Enrubannés

Malgré que son blog soit en jachère, que son pays boive la tasse, que le vice l'emporte sur la vertu et que Hollande le répugne, que de surcroît il vient de renoncer… (eh oui, de renoncer à militer, du moins à la manière plan-plan en vigueur sous le ciel bourguignon), revoici Buster. Il a profité du printemps pour terminer un troisième essai politique, qu'il envisage d'éditer par ses propres moyens. En attendant les sempiternelles réponses (*n'entre pas dans le cadre de nos collections*) des huit éditeurs auxquels il s'est adressé malgré tout, il s'est occupé de son potager, puis du ravalement de sa façade.

Ayant ainsi sué sang et eau, fait appel aux pompiers pour le tirer d'affaire lors d'une intervention osée sur sa toiture pentue, le revoici donc, inspiré par la courbure de l'horizon et le glissement des tuiles, qui concocte un nouveau bouquin — poético-humoristique celui-là. Il n'éprouve plus la moindre envie, comprenons-le, de se creuser la tête à la recherche d'arguments dont se contrefoutent ses camarades — eh bien tant pis pour eux ! Ce qui fait que la rage lui revient, qu'il en appelle à la sagesse des Cherokees* pour ne pas s'acharner sur les Tapie, les Copé, les Cahuzac et autres prévaricateurs. Cependant, que leur autosatisfaction n'aille pas les réjouir trop vite, ils finiront piégés.

Sûr et certain, ces réincarnations d'enrubannés des époques révolue vont faire dans leur culotte en apprenant que le Trésor public ressort certains de leurs dossiers. Mais ne les plaignons pas. Qu'ils contemplent le son où va rouler leur tête ne sera que justice — justice divine s'entend, en plus de républicaine, démocratique et tout.

* cf. *Capitalisme, la chute et ensuite* – dernières pages

7 décembre 2013
80 - Nelson

95 ans, dont 27 en cellule… Tes derniers jours au moins auront été tranquilles, encore que dans ta jeunesse tu ne fus guère à plaindre. Issu d'une grande famille, tu suis les cours de l'université noire, deviens avocat et te lances, habité de justice, dans ce qui deviendra le moteur de ton existence : la lutte contre l'apartheid. Lutte non-violente au début, mais bientôt lutte armée.

Arrêté à 44 ans, tu es condamné à cinq années de prison. Puis un second procès te relègue entre quatre murs jusqu'à la fin de tes jours. Mais tes compagnons de lutte, soutenus par les volontaires cubains, auront leur mot à dire. S'en prenant à l'armée, ils parviendront à te porter au pouvoir pour que nous te remercions en cette heure d'avoir mené à bien cette mission impossible : le passage pacifique d'un régime on ne peut plus indigne à une démocratie. Si bien que nous te saluons, Nelson, et que nous regardons avec ironie les larmes de nos chefs d'État, à commencer par Blair, digne successeur d'une Thatcher poussant à la ségrégation. Nous ne rejoindrons pas non plus le président des États-Unis, muet quant à l'implication de la CIA dans ton arrestation. Si le capitalisme, en ce jour, s'incline devant ta dépouille, c'est que tu étais à ses yeux le seul rempart sud-africain contre le communisme. Pour cette raison, sous son contrôle, ton pays est resté dans le giron de l'Occident.

Les noirs des townships sont-ils plus heureux qu'hier ? 80% des terres appartiennent à une poignée de blancs, et les différences de salaires entre les rejetons de négriers et descendants d'esclaves et ne font que s'accentuer. Et puis, ver dans un fruit qui aurait pu devenir splendide, là comme ailleurs la corruption s'étend, qui ralentit l'élan libérateur.

Quoi qu'il en soit, repose en la paix que tu as méritée, Madiba. Sitôt le capitalisme aux oubliettes, ce que tu as souhaité va se poursuivre, se répandre partout.

81 - Laisser-faire

De nouveau les urnes. Non pour élire des conseillers municipaux, des députés ou un nouveau chef d'État. C'est plus sérieux cette fois : mêlés à trois cents millions d'Européens, nous allons désigner nos représentants aux parlements de Strasbourg et Bruxelles.

Oui, sérieux et angoissant, car la compagne fut pour le moins bâclée : aucune allusion à ce qu'entérineront les futurs élus, si ce n'est l'accords liant aux États-Unis non seulement l'Europe et la France, mais aussi la Puisaye. Accords négociés en secret, et dont le but est de soumettre nos démocraties au bon vouloir des Monsanto, des Rockefeller, Apple et autres Microsoft, comme chacun sait amoureux de la nature, écologistes dans l'âme, bienfaiteurs de l'humanité.

Si cette élection affichait son véritable objectif (livrer le monde à la finance), la majorité d'entre nous dirait NON. Mais jouer franc-jeu serait trop risqué pour les maîtres du monde, encore qu'ils s'arrangeraient pour nous ramener par derrière ce que nous aurions rejeté à peine un an plus tôt… Seulement, nos Hollande et Merkel, contraints pour l'instant d'en passer par les urnes, vont devoir s'arranger pour nous faire avaler ce nouveau mensonge : sans la protection de l'Europe d'une part, sans le Grand Marché des capitaux de l'autre, surtout sans l'Oncle Sam et ses marines, ses OGM, son gaz de schiste et ses poulets à la javelle, nous retournerions à l'obscurité des cavernes.

Eh bien soit, jouons le jeu. Alignons dans les starting-blocks de la langue de bois nos FN, UMP, Centre reconstitué, PS, EELV, Front de Gauche et Nouvelle Donne, sans oublier les groupuscules blindés, indispensables dans le cadre de la mascarade.

Éliminons les UMP, Centre et PS, tenus en laisse par les lobbies du pétrole, de la cigarette et du médicament. Éliminons de même le FN, prêt à n'importe quoi pour accéder au trône, et pareillement les loosers de la marge.

Tiraillés entre barricades, révolution citoyenne et vote à

la papa, demeurent en lice le Front de Gauche et les Écologistes.

Pourront-ils l'emporter ? D'aucuns en doutent, que nous allons cependant rassurer : sitôt ratifié le GMT, ou Grand Marché Transatlantique (encore dénommé TAFTA, TTIP et PTCI), poulets sans plume et poissons sans arêtes, bœuf de synthèse et autres créations du génie humain, accompagnés du délicieux *Roundup,* provoqueront chez le Gaulois au puissant coup de fourchette (de même chez le Gallois, le Basque et le Prussien) un tel rejet que le souvenir de l'éden, remonté de l'oubli, introduira des germes dissonants dans les productivisme, néocapitalisme, néocolonialisme et après-nous-le-déluge, autrement dit sur les futurs décombres d'un régime prochainement ancien.

Et là, frères et sœurs, un peu d'humilité : ce ne sont pas nos bulletins de vote qui décideront du changement souhaitée, mais la roue de l'Histoire derrière laquelle certains, parmi lesquels Buster, devinent la transcendance que l'Esprit, à la faveur du péché d'origine, a répandue dans le génome de notre espèce.

Alors, frères et sœurs, prière au grand Esprit, ou devoir citoyen ?

82 – TAFTA*

Le Grand Marché Transatlantique, dont l'objectif officiel est de favoriser le commerce international, engendrer de la croissance et créer des millions d'emplois, augmenter les revenus financiers aussi bien que salariaux, devrait remplir d'espoir tout citoyen lucide, tel Buster. Et ce n'est pas lui qui l'affirme, ce sont messieurs Jose Manuel Barroso, Jean-Claude Juncker, Martin Schulz, Nicolas Sarkozy, **Karel De Gucht ainsi que madame** Christine Lagarde etc. — rien que du beau linge, de l'intelligence à revendre en plus de cette générosité, de cette attention aux autres que nous réserve l'Europe fraternelle que nous apprécions tant.

Bien entendu, comme à son habitude, Buster se gausse. Le but des dirigeants de nos ploutocraties, soyons-en persuadés, n'est pas la création d'emploi, ni le panier de la ménagère (encore que le productivisme, le merchandising et la pub nous invitent à le remplir au-delà de notre capacité d'ingestion), mais les profits d'où qu'ils viennent, réinvestis aussitôt, depuis les sommets de Bilderberg, par un magnus ordinator veillant à mettre en place du Nouvel Ordre Mondial.

Réinvestis pour que, pour qu'est-ce, pour qui… ?

Pour eux, évidemment, autrement dit à leur seul profit, en réalité en pure perte. En pure perte pour nous, les dindons de la farce, qui nous apprêtons à voter de travers, mais en premier lieu pour l'humanité, pour Gaïa, pour ce que l'univers attend de l'être humain.

Qui croira en effet que les combats de chiens entre multinationales européennes et nord-américaines vont créer de la richesse ? Mascarade. Phase ultime du hold-up entrepris à l'encontre des peuples par ceux qui ne leur laissent d'autre choix que celui-ci, magnifiquement repris par les forcenés d'Allah : conversion au credo dominant ou égorgement, obéissance ou mise en bière, ainsi qu'on le pratique dans les rangs de Boko Haram.

Parce que les peuples et leurs revendications, vivement

qu'ils dégagent, s'impatientent les Rothschild... Qu'on les
tonde une bonne fois, qu'on les passe au gril et qu'on n'en
parle plus, renchérissent les Rockefeller, les Goldman Sachs
et autres humoristes.

•   *Trans-Atlantic Free Trade Agreement (ou Free Trade
    Area, c'est au bon vouloir de chacun, qu'importe le
    flacon pourvu qu'on ait l'ivresse).*

83 - À Jean-Luc, Martine, Pierre et autres

Notre score aux européennes (6%) était à mes yeux prévisible, écrit Buster à ses anciennes idoles, phare à présent éteints. *Il suffisait pour s'en convaincre de mesurer la pauvreté de notre communication, d'observer notre manière de militer — et nul besoin de loupe. Mais nous n'avons hélas ni observé ni mesuré. Ici je dis "nous" parce que, bien que démissionnaire successivement des PG, PCF, et FdG, je reste à vos côtés.*

Notre gauche de la gauche devait passer devant le PS, écraser le FN. Or, nous voici bons derniers. Avec, comme en aurait rigolé Céline, "la chiasse au cul" devant la bête immonde.

Inutile de passer des heures à analyser les raisons du sur-place. Vous qui nous dirigez, camarades Mélenchon, Billard et Laurent, ne percevez des profondeurs du peuple que ce qu'il vous plaît d'entendre. Vos militants du premier cercle sont là pour vous soustraire aux états d'âme inopportuns, autrement dit à l'essentiel. Je sais cela pour la raison que j'eus accès, dans mes très jeunes années, aux vérités par vous avec dédain qualifiées de "révélées", pour moi constitutives de l'univers et de la personne humaine. Vérités que j'avais en partie oubliées ou laissées de côté mais que je retrouve aujourd'hui, plus rayonnantes que jamais, par le biais de l'écriture.

Trois essais politiques rédigés en trois ans, trois ouvrages méprisés non seulement par mes camarades (encore sont-ils pardonnables, je ne bénéficie de l'imprimatur d'aucun politburo) mais aussi par vous. À quel silence hautain n'ai-je pas eu droit lorsque je vous ai proposé le manuscrit du premier, afin que nous l'éditions au bénéfice du Front de Gauche ! Avec la parution du troisième, je devrais triompher, m'amuser de votre débâcle, mais ce n'est pas le cas. Dans le présent naufrage de nos espérances, je me ramasse moi aussi, et je souffre autant que vous.

Quand comprendrez-vous, et avec vous les quatre millions d'électeurs qui vous ont fait confiance, qu'il ne s'agit plus de ferrailler contre la finance, ni de s'accrocher au rêve d'une sixième République, mais d'en appeler aux fondamentaux de l'esprit pour modifier notre trajectoire, éviter à l'avenir l'échec que nous subissons depuis toujours, tendre vers l'infini que chacun porte en lui.

Et pendant ce temps, alors que l'humanité dispose depuis peu de l'outil prometteur de sa libération et de son émancipation, vous restez attachés à des valeurs dont nos concitoyens, moins bêtes que vous semblez le croire, ont reniflé l'odeur de renfermé !

Tant furieux qu'effaré de son audace, Buster alors de conclure :

Ce coup de gueule n'aura bien sûr aucun écho. Cependant, si quelque arrière-pensée venait vous perturber, allez chez Amazon et vous aurez accès, pour 2,99 € (là, il envisage de les charrier à propos de la dépense, mais laisse tomber et termine), *à une pensée sans doute étrangère à la vôtre, mais on ne peut plus attentive à la naissance de l'être humain sur les décombres du capitalisme.*

84 - Comiques

UMP et PS à deux doigts de l'implosion, EELV dans les choux, nous-mêmes à la ramasse... S'il en est ainsi, frères et sœurs, c'est que les formations auxquelles nous sommes liés reflètent notre psyché. À moins que ce ne soit l'inverse. Tout est lié. Au point qu'il devient présomptueux de faire un distinguo entre la société et la personne du citoyen. C'est là cependant une question d'une telle ampleur que nous la laisserons de côté pour nous brancher sur du tangible.

Pour le moment, seul le FN conserve aux yeux de l'électorat un semblant de vitalité — entendons bien un *semblant* car son président d'honneur, ancien partisan de l'Algérie Française et de la Waffen SS, en plus de déstabiliser sa fille tend à liguer contre son parti le peu se citoyens qui réfléchissent encore.

Ainsi, par manque d'horizon, manque d'enthousiasme et imagination en rade, la France et les Français seraient en dépression. En conséquence de quoi on se replierait sur les sacro-saintes habitudes, les manies, les traditions, la défense de valeurs périmées, la protection de l'ego. On se réveille bouffi, on file à son boulot si l'on en a, puis on rentre chez soi, on dîne en compagnie de Pujadas ou de Chazal, puis on se regarde le sixième épisode d'une quelconque série découpée en saisons, après quoi on s'enfouit sous les draps pour ne surtout pas voir en quel désert on se trouve, et surtout ne pas penser. Il nous faudrait alors avouer que l'énergie qui nous mena de la Bastille à la République, et qui renaquit au mois de mai 68, les forces réactionnaires du PCF et du RPR, unies à celles de la CGT et autres formations de progrès, autrement dit les forces dont nous sommes dépositaires, se sont juxtaposées pour la gommer — en bref pour ignorer les premiers pas de notre jeunesse vers sa libération, son émancipation, son avenir. Bravo la pataugeoire bourgeoise.

Moyennant de maigres augmentations de salaire, nos organisations mourantes ont choisi le confort plutôt que l'espérance, la continuité de préférence à l'*Aventure* que vomissait un général de Gaulle aussi vieillissant qu'elles.

Ce qu'oubliaient le grand homme et ses intimes (en plus des syndicats et des partis politiques) est qu'il n'est plus possible de demeurer en place, de refuser le changement, de se barricader dans un pré carré sensé protéger des danger de la nouveauté... Comment, en effet, demeurer figé sur une planète en révolution permanente, dans un univers en perpétuelle transformation ?

Comment repousser ce qu'on ne connaît pas, comment fermer les yeux devant ce qui doit advenir ?

Par leur refus de nager dans le sens du courant (entendez au sein de la spirale décrite par une Terre en giration autour d'un soleil qui lui-même se déplace), UMP, PS et Centre (EELV et FdG dans une moindre mesure) paient aujourd'hui de leur disgrâce leur inadéquation au monde. Si bien que nous verrons avant 2017 revenir les Sarkozy, les Bayrou et Strauss-Kahn, à moins que ce ne soient leurs sosies ou leurs clones. Quant à nous, rivés à nos combats d'arrière-garde, nous continuerons à tourner en rond tandis que le FN, après avoir brassé du vent pour masquer son refus du pouvoir (on est si bien dans l'opposition), puis avoir travaillé l'opinion en puisant à sa droite et sa gauche l'essentiel de son populisme, se verra porté vers les plus hautes fonctions avant de faire naufrage et de retourner dans son terrier. À moins qu'entre temps les démocraties ne se délitent et que l'Empire de l'argent parvienne à imposer sa loi. Ce qui nous mènera à ce qu'a humé Viviane Forester*, poétesse visionnaire à nos yeux, en revanche impayable gourde à ceux de nos politiciens de carrière, de nos énarques formatés et de nos économistes à quatre sous.

* *voir page 41*

9 juillet 2014
85 - Big Brother étranglé

La vie est parfois d'un drôle !... Mais ne vous offusquez pas s'il s'agit à nouveau du dernier ouvrage de Buster.

La rédaction de cet essai lui prit une bonne année. Ce qu'il voulait y exprimer lui paraissait au départ couler de source, mais la mise en forme lui posa des problèmes stratégiques. Prônant des idées nouvelles, mais résolu à ne plus provoquer l'hilarité des "camarades", il progressa en trappeur, comme pour piéger un ours.

Sur huit éditeurs contactés, deux ont répondu *niet*, les autres se sont tus. Sur ce, il apprend qu'on peut s'éditer gratuitement au format numérique par le biais d'une firme américaine. Cerise sur le gâteau, il est de plus possible, via une filiale de la même société, de mettre sur son site l'ouvrage imprimé sur papier. Additionnant les avantages, les comparant aux non-réponses de l'édition classique, il saute sur l'occasion. Si bien que deux mois plus tard, l'affaire est pliée.

Évidemment, à part deux camarades qui l'ont acheté, les autres l'ont ignoré. À croire que les a effrayés, ou gênés, ou rendus circonspects, un type assez sûr de soi pour penser par lui-même, pondre cent-cinquante pages, se mettre ainsi sur la sellette. À moins qu'ils n'aient éprouvé certaine réticence à ouvrir un ouvrage, qui plus est politique, dont n'avaient parlé ni l'Huma, ni Cerises, ni la Vie Ouvrière, ni Pif le Chien.

Rien à redire à cela. Rien à redire non plus aux quelques tu-fais-chier qui entendaient le crucifier. Mais là où le comique de l'affaire le flanque par terre pour aussitôt le faire éclater de rire, c'est ce qu'il découvre sur le site de la Firme après un mois d'absence : s'il est encore affiché à côté de sa version numérique, impossible d'acheter le livre. Il est *Indisponible*.

Indisponible ? Buster ne comprend pas....

Décision de l'imprimeur US ? Une nouvelle visite à la Firme lui permet d'y voir clair : le titre est *suppressed*.

Et supprimé par qui ?

Sans vouloir jouer les paranos, il soupçonne aussitôt le Nouvel Ordre Mondial et ses bras armés : CIA, FBI, NSA, à moins que ce ne soit le Mossad… Quoi qu'il en soit, il aura suffi de l'interconnexion de trois ou quatre ordinateurs pour envoyer au diable un putain de *Frenchy* dont les idées dérangent.

Et dérangent qui, les idées de ce malade ? Les bien-pensance et toute-puissance américaines évidemment, alliées dans l'hexagone, sans bien sûr qu'elle s'en doute (du moins peut-on le souhaiter), à la gauche de la gauche. Ainsi, que l'histoire soit vraie ou fausse, collusion involontaire mais étroite et parfaitement efficace (2 exemplaires vendus en 3 mois) entre l'impérialisme nord-américain et les PG, PCF, POI, GA, LCR, NPA, EELV, PS, M'PEP, Lutte Ouvrière, Nouvelle Donne etc.

Et Big Brother de s'étrangler de rire.

86 – Dernière allocution

Depuis le début de la crise, le mouvement Occupy Wall Street et le mouvement des Indignés ont démontré que la production-consommation (autrement dit le boulot-métro-dodo épinglé au mois de mai 68 par les opposants à un futur dont nous commençons seulement à discerner l'inanité) *nous conduit dans le mur*. Ce que bien sûr refusent d'admettre nos dirigeants, prisonniers qu'ils sont d'un Marché dont la main invisible, qu'ils s'imaginent la leur, gommera les différences, résoudra les problèmes, mettra fin à l'Histoire, délivrera le bonheur.

Cependant, réfléchissons.

Notre richesse se situe-t-elle dans l'épaisseur de nos comptes en banque, dans la puissance de nos voitures, dans la taille de nos écrans plats ? S'exprime-t-elle dans la capacité que nous avons de nous soumettre à un supérieur, de nous muer en servants de sa machine ? Ne la trouve-t-on pas au contraire, protégée de la malfaisance, au sein de nos musées et de nos bibliothèques, ainsi que dans le combat quotidien nous permettant de la mettre en lumière, et ce faisant de rester verticaux, autrement dit humains ?

Notre mémoire et notre faculté de progresser sont notre vraie richesse. Elles constituent le rempart du haut duquel nous tenons tête à une oligarchie de gens assez stupides pour se persuader que l'individu le plus puissant, le détenteur du portefeuille le mieux garni, le parvenu ayant oublié depuis longtemps qu'il est aussi mortel que ses semblables, sont le résultat des lois de la nature (que le plus fort dévore le faible et survive), autrement dit de la volonté divine.

Eh bien non ! Cette forme de sélection est le lot de la gent animale, et nous ne sommes ni des veaux, ni des poux, ni des rats. N'en déplaise à certains, nous appartenons à l'espèce humaine, nos rêves sont infinis.

C'est la raison pour laquelle nous refuserons de nous soumettre, la raison pour laquelle nous recracherons les venins dissimulés sous le bariolage de la publicité. Celle enfin pour laquelle, dans la perspective d'une société moins mal fichue, nous coifferons au poteau une élite constituée de rentiers, d'héritiers et de fils à papas.

À présent en effet, hauts dirigeants qui croyez tout savoir, entendez régenter car vous prenant pour les élus du ciel, nous ne revendiquons plus, nous exigeons.

Nous exigeons une monnaie qu'on ne puisse amasser, une monnaie qui fonde avec le temps qui passe

Nous exigeons des écoles et des hôpitaux protégés du négoce.

Nous exigeons le partage du travail et des fruits du travail.

Et nous exigeons en finale que vous disparaissiez — sans effusion de sang si cela vous rassure.

Jusqu'à Noël, sacrifiant une dernière fois aux séquelles de l'enfance, nous achèterons les ridicules gadgets que vous nous proposez ; à la suite de quoi, parvenus enfin au seuil de la maturité, nous nous attacherons uniquement à ce qui permet la vie, la vraie, celle qui procure le plaisir et la joie, et tout deviendra drôle. Vos produits inutiles s'entasseront dans les poubelles de votre vanité, vos banques disparaîtront, ainsi que les servilités sur lesquelles vous comptiez. Redécouvrant alors le parfum du futur et la beauté des rêves, renouant avec la créativité, nous bâtirons ensemble, en nous passant de vos conseils, la société dont vous ne vouliez pas.

87 - Meilleur des mondes

Pour juguler la contestation, ne surtout pas utiliser la manière forte. Créer plutôt un conditionnement collectif si puissant que l'idée de révolte ne pourra parvenir à l'esprit de quiconque. L'idéal : formater dès le berceau, mettre au pas les aptitudes biologiques innées.

Ensuite, poursuivre le conditionnement en réduisant l'éducation classique à de la formation professionnelle. Plus l'individu sera inculte, plus limité sera son horizon et plus il s'attachera au médiocre, moins il pourra se révolter. Ainsi, faire en sorte que l'accès au savoir devienne de plus en plus ardu. Que le fossé se creuse entre le peuple et la science, que l'information destinée au grand nombre ne véhicule aucune philosophie. Là encore user de persuasion, non de violence directe : via la télévision, on diffusera massivement divertissements et informations flattant l'émotionnel, on occupera les esprits par du futile et du ludique. De plus, utilisant le bavardage et la musique bouche-trou, on empêchera quiconque de réfléchir. Enfin, on placera le sexe au premier rang des préoccupations humaines.

En résumé, on fera en sorte de bannir le sérieux, de tourner en dérision ce qui a de la valeur, d'entretenir une constante apologie de la légèreté. La publicité deviendra le standard du bonheur, le modèle de la liberté.

Aldous Huxley (1939)

Ceux qui espèrent encore vont découvrir le purgatoire. Jusqu'au moment où ils réaliseront qu'ils ont entre les mains l'outil de leur émancipation, et qu'ils ont un allié, le Grand Esprit de l'univers, autrement dit l'entité veillant à notre élévation, ce que certains nomment Dieu

Et cet Esprit qui nous transcende s'opposera à notre emprisonnement, à la dégradation de notre potentiel, à la réduction à néant de nos facultés et qualités.

88 - Dictature

La peste néolibérale nous impose la dictature de l'argent. Nos républiques, soumises à la finance et dirigées par elle, s'éloignent si bien de la démocratie qu'elles n'en conservent que le fard.

Donc, première mesure : supprimer le droit de vote à ceux dont le consumérisme a vidé le cerveau.

Se pose alors cette question : par quel régime remplacer nos démocratie dévoyées ?… Par celui de la dictature du prolétariat ? Le prolétariat des jours anciens se prononce à présent pour le chacun-pour-soi, le chacun-chez-soi, le repli sur soi. Il est aujourd'hui hors circuit.

Alors ?…

Buster allait donner sa langue au chat lorsque lui apparut une possibilité… qui fera hurler tant la droite que la gauche, mais qu'importe. Devant l'horizon bétonné par le capital, la gauche et la droite sont aussi dépassées l'une que l'autre…

Eh bien ?

Plus la moindre élection nationale durant les vingt ou vingt-cinq ans d'une génération. Et durant ces années, à la tête de l'État, une assemblée d'incorruptibles.

Ainsi, un quart de siècle sans faux-semblants, un quart de siècle à désigner à chaque futur adulte, de manière à le nourrir de la beauté de la vie, l'infini qu'il nous faut aborder si nous voulons évoluer et grandir.

Vingt-cinq années consacrées à instruire chaque humain des choses de l'univers, à l'amener à s'épanouir, à développer en lui l'imaginaire qui nous a fait défaut…

Alors seulement, avec précaution, en commençant par le village, l'école et l'entreprise, établir la démocratie.

La civilisation occidentale s'effondre, les chiens affûtent leurs armes, plus une minute à perdre.

Sa propre dictature sauvera l'espèce humaine.

4 août 2014
89 - Appel au Grand Esprit

À l'approche d'une nuit qui a vu, lors d'une séance dont les échos perdurent, s'unir dans une même fraternité et le prince et le borgne, et le manant et le hobereau, et le sans-culotte et l'enrubanné, prions ! Prions l'Esprit pour que notre désir, qui est aussi le Sien, aille effleurer le mental d'une race de potentats, d'oligarques, de ploutocrates qui n'auront que leurs yeux pour pleurer, leurs limousines pour gagner le paradis tandis que notre volonté, qui est aussi la Sienne, les arrêtera du côté de Varennes. Et prions, mes frères, prions, mes sœurs, prions pour que l'Esprit veillant sur l'horlogerie céleste, l'ordonnateur de notre éternité, nous épargne l'épreuve de devoir, pour cause de maltraitance de notre multitude, égorger nos seigneurs ou encore les fouetter avant de les juger et de les mettre aux arrêts. Ce sont nos semblables, nos frères malgré qu'ils s'en dédisent, nos égaux malgré qu'ils nous aient insufflé la volonté de les voir disparaître. Mais l'Esprit nous pénètre, qui nous adjure de nous calmer, de pardonner aux ennemis demeurés, malgré que leurs journaux, leurs radios et télévision les aient instruits de leurs forfaits, dans la superbe ignorance de leurs crimes.

Prions pour que les Bolloré, les Pinault, les Bouygues et les gardiens armés de leurs empires, les Sarkozy, les Bush, les Hollandes et autres lycanthropes, soient touchés par la grâce et expriment, à l'heure de l'abolition des privilèges qu'ils se sont attribués, l'amour qu'ils éprouvent à l'égard de leurs frères et de leurs sœur, en un mot de leurs semblables. Et que les peuples en leur générosité les accueillent et les débarrassent de leurs chaînes, les libèrent de leurs addictions, et que règne la lumière.

Ô Grand Esprit, s'exclame alors Buster depuis le toit du monde, délivre l'espérance en tous lieux de la Terre ! Et que le vingt-et-unième siècle, malgré qu'il paraisse mal parti, devienne ce qu'aucun siècle n'aurait dû cesser d'être : une porte ouverte sur l'avenir.

Sur ce, dans le silence des cathédrales célestes, intervention d'un enfant de chœur :

— *Monseigneur, s'il vous plaît...*
— Je vous écoute, mon fils.
— *Pardonnez-moi, mais il me semble que ces gens si précieux, si bien vêtus et si bronzés, ces puissants aux mains fines et aux mâchoires carrées, n'appartiennent pas à notre espèce. Ils semblent des Homo sapiens, parfois même des Sapiens sapiens, mais ne pensez-vous pas, en votre âme et conscience que ce ne sont que des brutes, des Homo materialistus, des neanderthalensis ?*

— Certes, mon enfant. Mais que proposes-tu ?

Le gamin alors, dressé comme un coq face à l'apparition du renard :
— *Qu'on les tonde à leur tour, mines de sel et basta.*

Impression BOD Books on Demand, Norderstedt, Allemagne
Dépôt légal : juin 2015